남들이 가지 않은 교육의 새로운 길을 여는 모험 이야기

홈 그로운

HOME GROWN

남들이 가지 않은 교육의 새로운 길을 여는 모험 이야기

홈 그로운

벤 휴잇 지음

오필선 옮김

아침이슬

차례

감사의 글

이 책은 내가 지금까지 쓴 어떤 책들보다 훨씬 더 가족의 도움을 많이 받았다. 그래서 가족에게 무한한 감사를 느낀다. 자기들의 지혜와 기쁨을 늘 아낌없이 나누어 준 두 아들과, 가족과 땅에 대한 헌신으로 늘 나에게 영감이 샘솟도록 격려해 준 아내 페니가 없었다면 이 책은 나올 수 없었다. 관대한 나눔과 헌신은 사랑에서 나오는 행동이다. 나는 그 선물을 겸허한 마음으로 받아들여야 한다. 내가 받는 것의 일부라도 돌려줄 수 있기를 바랄 뿐이다.

편집자인 로셸 버고에게도 감사드린다. 이 책이 초기의 원고에서 얼마나 많이 바뀌고 나아졌는지는 오직 로셸만이 알 것이다. 로셸의 적절한 조언과 통찰력, 끝없이 기다려 준 인내가 없었다면, 이 책은 지금의 모습이 아니라 내가 말하고자 한 것의 변죽만 울리고 말았을 것이다.

또한 아름다운 그림으로 이 책을 빛내 준 친구 재닛 매클라우드에게 감사드린다.

우리 곁의 세상

핀이 활을 만들었다. 길고 날렵한 모양새에, 광택까지 입혀 손 닿는 감촉이 고운 근사한 활이었다. 나무를 적당한 길이로 잘라 칼로 깎고 정성껏 사포질을 한 탓에 품이 적잖게 들어갔다. 손으로 만져 보는 즐거움 때문에 시간이 오래 걸린 걸 수도 있다. 문득 다른 사람은 알지 못하는 방식으로 핀이 이 나무를 알고 있는 경지가 있을 것 같다는 생각이 든다. 말하지 않아도 저절로 통하기라도 하는 듯, 핀은 자신의 의중을 전하는 그 순간 활의 의중도 꿰뚫는 경지에 이르렀다.

"아빠, 이것 좀 보세요." 핀이 시위를 힘껏 당기자 활이 휜다. 그렇게까지 당기는데도 부러지지 않는 게 신기할 정도다. 핀이 천천히 시위를 놓으며 자랑스럽게 말한다. "여태껏 만든 것 중에 이게 최고에요."

나는 지금까지 핀이 만든 활이 몇 개나 되는지 헤아려 본다. 서른 개? 마흔 개? 너무 많아서 헤아릴 수조차 없다. 처음에는 꽃단풍이나 자작나무 짤막한 막대 양 끝에 활고자를 새겨 줄을 칭칭 감은 정도였다. 막대기로 만든 화살도 아주 반듯하지는 않았다. 기껏해야 3, 4미터를 뒤뚱뒤뚱 날아가다가 마치 둥지 떠난 아기 새마냥 매가리 없이 툭 떨어졌다. 그랬던 것이 지금은 전혀 다른 모양새다. 까만 개아카시아 나무를 잘라 만든 활은 단지 만들었다기보다는 솜씨 좋은 장인이 세공을 한 것 같다. 시위가 고르게 당겨지도록 정밀하게 틸러링을 하고 나뭇결을 섬세하게 깎아 활시위를 당기면 위와 아래가 완벽하게 대칭을 이룬다. 이번에 만든 활은 앞서 만든 활들에 비해 한층 진일보했다. 그중에는 부러져서 이미 땔감 신세로 전락한 것도 있고, 헛간이나 지하실 어느 한구석에 처박힌 것도 있다. 나는 이따금씩 버려진 활을 발견하더라도 차마 버릴 수가 없다. 큰아들이 집요하게 궁리에 궁리를 거듭한 증거물이기도 하고, 엉뚱하기는 하지만 이러한 열정을 낳은 그의 마음과 정신의 온갖 파편들이기 때문이다. 그런 이유만으로 나는 핀의 실패작들을 고스란히 남겨 둔다.

우리 아들들, 큰아이 핀과 동생 라이는 학교에 다니지 않는다. 사람들은 이 얘기를 들으면 아이들이 어떻게 배우고 우리 부부가 어떻게 가르치는지 묻곤 한다. 그러면 나는 섣불리 대답하기가 망설여진다. 그 질문에는 대개 전제가 깔려 있어 내 대답에 만족하기 어려우리란 생각에서다. 아이들은 가르쳐야만 배운다거나 배움은 아이들의 생활과 동떨어진 환경에서 주로 일어난다거나, 가르침은 전문가에게 맡기는 게 제일이라는 고정관념이 그렇다. 그러나 사실 아이들에게는 배우는 법을 가르칠 필요도 없다. 아이들은 그냥 배우기 때문이다. 아이들은 숨 쉬듯 자연스럽게 배우며, 밥을 먹어 몸이 자라듯 배움을 먹고 영혼과 감성과 지성이 쑥쑥 자란다.

우리 아이들의 일이 대개 그렇듯이, 핀은 누가 시켜서 활 세공하는 기술을 익힌 게 아니다. 단지 타고난 호기심과 배우려는 욕구를 억누를 수 없었기 때문이다. 그래서 배우는 것 말고는 도리가 없었다. 아이가 배우고자 마음먹으면 막을 수 없다. 아기가 말을 깨치거나 걸음마를 시작할 때 막을 수 없는 것과 같은 이치다.

우리 아이들이 배우려는 욕구를 타고났다고 내가 말하는 이유가 바로 여기에 있다. 아이는 모두 마찬가지다. 핀이 오일 묻힌 천을 열심히 문지르며 마치 자신의 세계가 그 안에 포개어져 들어간 듯 활에 몰두하는 모습을 보면 이 말이 실감 난다. 곧게 뻗은 활을 만드는 단계 하나하나마다 배움이 담겨 있다. 핀은 나무에 대해, 활에 대해 배운다. 그리고 자기 자신을 알고 세상과 이어진 자신의 위치도 깨달을 것이다. 늦은 겨울, 별빛이 채 가시지 않은 아침 댓바람부터 라이가 쌓인 눈을 헤치며 터벅터벅 걸어가는 모습을 볼 때도 알 수 있다. 라이는 수확 철 첫 수액을 모으려고 사탕단풍나무에 쓸 연장을 한가득 챙겨 나간다. 손 드릴과 망치에, 양동이 한가득 수액 꼭지가 담겨 있다. 둘째도 자기 형처럼 품이 들고 구체적인 결과물이 나오

홈 그로운—아이들은 스스로 배운다

는 작업에 마음이 끌린다.

이럴 때면 아이들은 끊임없이 삶의 폭을 넓혀 새로운 지평을 향해 기회를 찾아나서야 한다는 게 사회적 믿음이지만, 그러는 사이에 아이들의 삶의 범위를 좁히는 일의 의미는 무시되고 있다는(또는 아예 무지하다는) 생각이 들기도 한다. 어쩌면 이 크고 놀라운 세상에서 우리의 정신을 산란하게 만드는 것들의 흐름을 중단시켜야 할지도 모른다. 이 세상은 온갖 가능성과 기회로 가득 차 있어서 우리의 노력으로는 극히 일부밖에 보여 줄 수 없다. 오히려 바로 문밖에, 이웃에, 마을에, 심지어는 상상 속에 풍부하게 열려 있는 경험을 찾아 주는 게 맞다. 가끔씩 내가 이기적이지는 않은지 의심이 들 때도 있지만, 나는 이 생각을 걷을 수 없다. 우리 아이들은 저 넓은 세상에 펼쳐진 무한한 가능성을 막연히 좇으며 살지 않을 것이다. 장차 그들이 있게 될 곳이 어디더라도 가까이 있는 세상에서 실현 가능한 것들을 찾으며 살아갈 것이다.

가느다란 활에 오일 마감 작업을 마치고 며칠이 지났다. 내 작업실 창문 밖으로 핀이 활을 들고 드넓은 목초지를 가로질러 가는 게 보였다. 아침 공기가 제법 쌀쌀하고 촉촉하게 비가 내리고 있었다. 녀석이 바쁜 걸음을 옮겨 어디로 향하는지, 아니 어떤 목적에 이끌리는지 나는 알지 못했다. 잠시였지만 녀석이 활을 들고 있다기보다는 오히려 그 반대의 모습을 보는 게 아닌가 싶었다. 활이 아이 손을 잡아 이끌고 있었다. 나는 당장 책상을 밀어내고 한걸음에 계단을 뛰어 내려와 문밖을 나서면서 아들에게 소리치는 내 모습을 그려 봤다.

"잠깐 기다려 봐! 나도 같이 가자!"

하지만 나는 그러지 않았고, 그러지 않는 게 옳다고 생각했다. 그래서 빼곡한 전나무 숲으로 핀이 사라지는 모습을 바라보고만 있었다.

홈 그로운─아이들은 스스로 배운다

들어가는 글

앞서 간략히 밝혔듯이 우리 아이들은 학교에 다니지 않는다. 우리 아이들이 공식 교육체제의 울타리 밖에서 배우는 방식과 내용은 이 책의 많은 부분을 차지한다. 그러나 이 방식과 내용은 버몬트 주의 언덕 위에 사는 우리 삶과 떨어뜨려 놓고 볼 수 없기 때문에 앞으로 나올 이야기들은 얼핏 보기와는 달리 단순히 배움learning에 관한 것은 아니며, 적어도 지금의 문화에서 당연시하는 방식으로 배움에 관한 것은 아니다. 한발 더 나아가, 우리 아이들의 교육뿐 아니라 내 아내 페니와 나의 교육에 관한 것이다. 그리고 이 세상에서 우리 나름의 방식으로 살아가는 방법에 대한 이해가 점차 발전해 가는 과정에 관한 것이다. 그 과정은 우리가 사는 바로 이 땅과의 연관 속에서 그리고 이 땅에서 일하면서 형성된 것이다. 이 이야기는 단지 우리가

배우고 있는 모든 것만이 아닌 '이미 배운 것을 비우는'unlearning*
모든 것에 관한 이야기이기도 하며, 가치와 이상에 어긋남이 없이
살면서도 그보다 넓은 세상의 한 부분으로 우리를 받아들여 준 균형
잡힌 삶터에 뿌리내리며 살려는 불완전한 탐구의 기록이기도 하다.
어떤 의미에서 이 일은 우리에게 쉬운 부분이었다. 보다 어려운 부
분은, 이러한 가치와 이상을 추구하는 것이 완전히 순진하지는 아닐
지라도 비현실적이라는 증거에 끊임없이 직면하는 바로 그 순간에
그 가치와 이상을 지키는 방식으로 우리의 삶을 어떻게 영위하느냐
를 결정하는 것이라는 사실을 알았다.

핀과 라이가 학교와 거리를 두도록 결정하는 데 크게 영향을 미친
것은 자연과 삶터와의 연결을 간절히 바라는 마음이다. 아울러 아이
들의 지성과 영성이 성장하려면 자연과 삶터와의 연결이 꼭 필요하
다는 믿음에서 비롯된 것이기도 하다. 아이들이 학교에서 보내는 시
간은 하나같이 교실로 한정된 공간을 넘어 자연과 삶터와의 연결로
발전되지 못하고 소비된다. 그렇게 소비된 시간을 따져 보면 결코
무시할 수 없을 정도로 엄청나다. 최근에 페니와 나는 우리 아이들
이 학교에 다녔다면 과연 얼마나 많은 시간을 교실에서 보냈을지 계
산해 봤다. 이제 열두 살인 핀은 그 반인 6년을 학교에서 보냈을 텐

---

* learning앞에 부정과 반대의 뜻을 가진 접두사 un-이 붙어 "이미 배운 것을 잊는다, 버린다"는 뜻으로
풀이된다. 파괴학습, 폐기학습 등의 역어가 보이기는 하지만 일관되게 통용되는 용어는 아니다. 기존에
알고 있던 내용을 버린다는 의미에서 이 책에는 '비움'으로 풀이했다.—옮긴이

데, 숙제와 통학 시간을 제외하고도 대략 8천 시간이라는 계산이 나온다. 라이는 그 반인 4천 시간 정도를 보냈을 것이다. 우리 집에는 TV가 없지만 여기에 미국 아동의 일주일치 TV 시청 시간이 평균 34시간이라는 사실을 감안하면, 지난 6년 동안만 따져도 큰 아이가 학교나 TV 앞에서 보냈을 시간은 충격적이게도 거의 1만 9천 시간에 달한다. 핀이 매일 깨어 있는 시간이 14시간이라고 가정한다면, 무려 3년 반이 넘는 세월을 그렇게 보냈을 것이다. 최근 일상에 넘쳐 나는 전자기기는 아이들의 생활을 파고들며 점점 영향력을 넓히고 있다. 여기에 전자기기 사용 시간은 아예 포함되어 있지도 않다.

TV나 스마트폰의 경우는 말할 것도 없고, 아이들이 학교를 다니면서 그토록 많은 시간을 포기하고 배울 만한 어떤 것이 과연 있을까? 나는 이미 우리 아이들이 세상에서 자기 삶을 꾸려 가는 데 필요한 기초 지식은 물론, 공동체와의 소통에 필요한 읽기 · 쓰기 · 철자법 · 셈을 단기간에 익히는 모습을 보아 왔다. 우리 아이들이 자격을 갖춘 교사나 심지어 페니나 나의 도움 없이도 이러한 기술을 익힐 수 있음을 지켜보았기 때문에, 나는 이들 과목에 관한 한 굳이 정식 수업을 받게 할 필요가 없다고 자신한다. 교실에 갇혀 수만 시간을 소비하여 배우는 내용이 전혀 쓸모없다고까지 단언할 수는 없다. 하지만, 아이들이 자기 시간을 더 유익하게 보낼 수 있는 길이 있다고 확신한다. 자유로이 탐구하고 거리낌 없이 표현할 수 있을 때, 판단이나 실패에 대한 두려움 없이 자신의 열정을 좇을 때 아이들이 배우는 내용은 학교에서 가르치는 내용보다 훨씬 의미가 있음을 보아 왔기 때문이다.

페니와 나는 학교가 나쁜 의도로 만들어진 곳이라고는 생각하지 않는다. 사실은 그와 정반대일 것이다. 그러나 현재 대부분의 학교 구조에서 드러난 문제들은 본디 그 구조에 내재해 있다. 등급화와 속박, 서열에 따른 사회 질서 등 문제의 소지가 체제 안에 고스란히 담겨 있다. 실제로 이런 문제가 아이들 교육에서 너무 큰 부분을 차지하다 보니, 그 체제 안에서 선의와 헌신으로 종사하는 사람들조차 조직적이고 강제적인 배움에 내재하는 결함을 극복할 수 없다. 이들이 아무리 훌륭하고 배려 깊은 사람들이라 해도 내 아이들에게 그 수많은 시간을 되돌려주기에는 역부족이다. 내 아이들이 자신들의 터전, 아니면 바로 곁에 있는 또래 집단 너머 그들의 공동체에 눈뜨고 애착을 느끼게 되기까지 이들이 할 수 있는 부분은 그리 크지 않다. 또한 내 아이들을 땅과 그 위의 생명 가까이 데려가 줄 것 같지도 않다. 아이들을 따라 백년 세월을 굽어보는 단풍나무를 찾아가 그 밑에 조용히 앉아서 혹여 나무의 숨결을 느낄 수 있을까 아이들과 함께 귀 기울이기도 쉽지 않을 것이다.

나와 페니가 우리 아이들에게 주고 싶은 것은 이런 교육이다. 그리고 이 교육은 우리 부부를 위함이라는 사실도 밝힌다. 우리는 이런 교육을 발판 삼아 우리 본래의 됨됨이를 온전히 드러낼 수 있으리라 믿는다. 우리는 이렇게 살 수 있는 능력을 지상에서의 우리 생

홈 그로운—아이들은 스스로 배운다

에 허락된 축복의 핵심이자 최고의 재산이라 인식하게 되었다.

앞으로 이어질 이야기들은 주로 관찰과 경험에 뿌리를 두고 있으며, 한 개인과 가족의 발견에 불과할 수도 있다. 그래서 문외한인 나의 견해를 뒷받침하기 위해 이따금씩 관련 분야 전문가의 자료를 인용할 것이다. 그러나 자료를 동원하더라도 '독자 모두에게' 적용되는 것은 아니라는 사실을 강조한다. 달리 말하면, 이 책의 의도는 어떤 견해를 납득시키기보다, 우리 가족이 '우리 나름의' 믿음과 지혜를 신뢰하기 위해 꿋꿋이 나아가는 여정을 나누고, 그 이야기에서 독자들도 타고난 지혜를 찾아 굳게 믿었으면 하는 마음에 있다.

또한 우리 삶이 흠집 하나 없다고 과시하려는 의도도 없으며, 우리가 교육과 양육이라는 예술을 제대로 숙달했다고 말할 의도는 더욱 없다. 정말 그리 말한다면 모두 거짓일 뿐이다. '우리'는 불완전한 세상에 사는 불완전한 인간이기에 삶도 결함투성이다. 어떤 교육자나 부모도 교육과 양육을 자신할 수 없듯이 우리 또한 이 분야에 있어서는 서툴고 미숙하다. 우리 아이들과 마찬가지로 우리 부부도 언제나 배우는 과정에 있으며, 바라건대 우리의 배움은 오직 죽는 순간에서야 멈추었으면 한다. 확실히 말할 수 있는 것은 독자들의 삶이 그러하듯, 우리 삶도 기쁨과 절망, 노력과 성취, 확실성과 불확실성으로 가득 차 있으며, 흐르는 시간 속에서 우리의 견해도 점점 변해 가리라는 점이다.

살아오는 동안 주류 문화의 가정(假定)에서 철저히 벗어날수록 선택할 수 있는 여지도 그만큼 늘어나며, 마침내 내가 누릴 수 있는 '자유'는 더욱 늘어난다는 사실에 번번이 놀라곤 한다. 몇 가지 꼽아 보자면 교육이나 부, 야망과 성공을 둘러싼 가정이 그렇다. 어떤 점에서는 이 말의 의미가 명확하다. 나는 재산 축적과 신분 상승에 내 하루를 바치지 않는 대신, 홀가분한 마음으로 다른 일을 추구할 수 있기 때문이다. 그러나 내가 말하는 자유는 보이는 세상에만 그치지 않는다. 가장 작고 단순한 일에도 행복과 성취감이 있다고 깨달으면 현세의 자유는 영혼과 감정의 자유로 승화한다. 11월의 일상이 혹독할 정도로 무미건조할 때, 주변의 색채가 점점 바래서 옅은 농담(濃淡)만 남으면 유(有)에 못지않게 무(無)도 아름다울 수 있음을 깨닫는다. 작고 사소한 순간이 예기치 않은 감동으로 나의 허를 찌르는 경우도 종종 있다. 우리 집 오리 웹이 목초지를 어기적거리며 가로질러 갈 때, 핀과 라이가 숲을 향하거나 숲에서 나와 나란히 대지 위를 이동할 때도 그렇다. 서로를 향해 아주 살짝 머리를 기울인 모습에서 두 녀석이 무슨 얘기를 나누고 있음을 안다. 농장 길을 걷다가 불현듯 나의 분수를 깨닫고 얼어붙을 때처럼 이유를 알 수 없는 느낌에 휩싸일 때도 있다. 그 순간 지금 여기의 나는 아득히 멀어지며, 만물의 기운이 공존하는 상상 너머 무한대의 시공에 속한 나의 존재를 떠올리게 된다.

그런 순간의 경험으로 내가 얻는 것, 이를테면 찰나에 찾아온 한 송이 꽃 같은 온기나 이제 달리 아무것도 필요치 않다는 깨달음은

홈 그로운—아이들은 스스로 배운다

쉽사리 측정할 수 없다. 측정할 수 없으니 거래할 수도 없으며 오로지 나만이 가질 수 있는 재산이다. 그리고 나에게만 의미 있기 때문에 안전하다.

내 손 안에 내 세상이 있음을 깨닫고 나면 해방감과 아찔함, 벅참을 느끼는 것은 물론 이따금씩 소스라치게 놀라기도 한다. 나는 어린 시절 듣던 것보다 자유로우며, 믿어 온 것보다 자유롭다.

여기에 나의 진정한 힘이 있다. 이 힘은 돈으로 사고 거래하고 축적할 수 있는 거짓 힘과는 다르다. 내 삶을 가지고 내가 하는 일들, 즉 우리 아이들을 키우고 타인과 자연과 관계 맺으며 시간을 보내는 방식은 이 세상의 가능성에 대한 신념의 표현이다. 또한 내가 살기 바라는 세상, 우리 아이들이 살았으면 하는 세상에 대한 이상의 표현이다.

내가 세상에 품은 이상, 아니 적어도 그 일부만이라도 독자와 나눌 수 있다면 커다란 영광이다. 그런 기회가 주어진 것에 감사하며 소중한 시간과 관심이라는 선물을 보내 준 독자에게도 감사드린다.

일상의 깨달음

여름날 아침이면 나는 동트기 전 이른 시각부터 바퀴 자국이 움푹 파인 농장 길을 따라 저지대 목초지로 향한다. 그곳에 있는 젖소 무리를 풀이 새로 돋은 방목장으로 옮겨 풀을 뜯게 한다. 굽은 길을 가다 보면 온실이 나오는데 그곳에선 축 처진 덩굴에 토마토가 매달려 천천히 익어 간다. 온실을 지나면 제재소가 나와 미처 손질을 끝내지 못한 지붕 골격을 불쑥 드러낸다. 일감 목록에서 늘 우선순위에 밀리는 처지이다 보니 마치 일처리가 늦다며 다그치는 것만 같다. 지난여름 라이가 심은 까치밥나무를 지난다. 녀석은 자기 짐수레로 주변에 널린 돌을 실어 와 경계를 둘렀다. 내가 트랙터를 몰다가 으깨 버릴까 염려한 모양이다. 실은 그런 염려를 살 만한 일이 있었으니 아이에게 뭐라 할 수도 없다. 이어 마주치는 닭장 안에서는 수탉 블러드가 기운을 뽐내듯이 홰를 치며 수탉들이 늘 그렇듯 암탉 무리를 향한다.

이 작은 농장의 일상 가운데, 이른 아침 소몰이를 하면 흡사 춤추는 듯한 기분이 든다. 몇 천 번의 아침마다 예행연습을 거쳐 갈고 닦았다는 듯이 소들은 숙련된 동작을 선보인다. 소들은 마치 내 파트너라도 되는 양 육중한 동작으로 발을 끌며 제일 먼저 열릴 울타리 한구석에 자리 잡는다. 울타리가 열리면 소가 움직이는 모습에서는 그들답지 않은 열의가 느껴진다. 이슬에 젖은 풀을 향해 고개를 숙이면, 무릎까지 웃자란 풀은 마치 파도처럼 녀석들의 머리를 묻어 버린다. 소는 혀를 내두르게 할 정도로 욕심이 있는 동물은 아니다. 내가 젖소를 아끼는 이유다. 그렇더라도 방목지 가득 무성한 풀을 보면 뭔가 원초적인 감각도 깨어나는 걸 보니, 페니가 오븐에서 갓 구운 쿠키를 꺼낼 때 내 안에서 깨어나는 본능과 다르지 않으리라.

나는 이른 아침 소몰이가 좋다. 소몰이를 마치고 동트기 전 희뿌연 빛을 받으며 왔던 길을 따라 다시 집으로 들어설 때의 기분 때문이다. 종종 내가 집에 도착할 시간에 맞춰, 가족들은 자기 몫의 집안일을 하러 하나둘 밖으로 나온다. 그러면 나는 가만히 멈추어 내 앞에 보이는 장면을 바라보며 소소한 기쁨에 젖는다. 페니는 아침 우유를 짜러 젖소 애플이 있는 곳으로 향한다. 페니가 늘 그렇듯이 씩씩한 발걸음으로 성큼성큼 걸으면 막 떠오르는 해가 등 뒤로 동녘 하늘을 밝혀 준다. 라이는 염소 우리로 향한다. 플로라의 젖통을 씻길 더운 물 한 양동이와 젖병을 작은 손에 들고 간다. 뒤를 이어서 핀도 건초 한 더미와 물 한 양동이를 들고 간다. 시간의 파편에 불과한 그 짧은 순간은 꾹 눌러 왔던 물음에 대한 답이라도 얻은 듯, 만물이 하나 됨을 느끼는 득도의 순간이다. 이제 내가 알아야 하는 모든 일을 알 것 같다. 느껴야 할 모든 일이 느껴진다.

눈으로 보는 것 말고도 냄새와 소리, 감촉까지 더해 이 작은 농장에서 오는 모든 감각이 내 삶을 얼마나 살찌우는지 나는 비로소 깨우친다. 늦은 깨달음이다. 토마토가 자라는 온실을 지나면 진한 흙 내음과 함께 익어 가는 열매의 예리하고도 기묘한 새콤달콤한 냄새가 코끝을 찌른다. 제재소에서는 빵 굽는 냄새처럼 톱밥의 향이 풍겨 온다. 사탕단풍 숲에 들어서면 누군가 알아들을 수 없는 말로 속삭이듯 나뭇잎의 떨림이 귓가에 전해진다. 속삭임과 함께 불어온 미풍은 내 얼굴을 스쳐 지나 어쩌면 연못의 수면을 타고 날아오르거나, 목초지로 빠져나가 북쪽 궤도에 오를지도 모른다. 닭장에서 풍겨 오는 거름 냄새를 맡아도, 나는 토마토의 양분으로 쓰이리라는 사실을 아는 까닭에 오히려 흡족하다. 먹거리를 손수 키우다 보면 평소의 인식이 완전히 바뀌는 흔치 않은 경험을 하게 된다. 한때 불쾌하고 역하게 느꼈던 일도 본래의 고상한 목적을 알고 나면 아름답게 보이는 법이다. 목초지에 내려가 젖소 무리에 다가가면 소 특유의 냄새마저 그들의 따뜻하고 느긋한 존재감을 일깨워 준다.

겨울이 되면 뚜렷한 변화가 찾아온다. 이제 풀을 뜯게 하는 대신 매일 아침저녁으로 소에게 먹일 건초의 냄새가 대기에 풍긴다. 적어도 하루에 한 번, 젖소 한두 마리는 내가 자기들의 부드러운 피부에 얼굴을 파묻고 그저 가만히 숨을 내쉬어도 친절하게 받아 준다. 내 작고 범상하지 않은 삶에서 누릴 수 있는 작고 기묘한 호사라고나 할까. 나무도 새로 자른다. 전나무와 가문비나무, 솔송나무는 잘라 제재소에 쟁여 둔다. 단풍나무와 너도밤나무, 자작나무와 물푸레나무는 땔감으로 비축한다. 기계톱에도 특유의 냄새가 있다. 2행정 엔진이 달아오르며 돌아갈 때 나는 특유의 냄새에 코가 따끔거린다. 매일 아침, 딴 일 모두 제쳐 두고 가장 먼저 스토브에 불을 지피면 굶주린 불꽃이 활활 타오르고, 커피는 구수한 향을 풍기며 스토브 위에 끓어 넘친다.

나이를 먹으면서 냄새를 좇아 코를 킁킁거리거나 팔을 뻗어 가축의 등을 쓰다듬는다거나, 아니면 그저 가만히 서서 우리 삶터의 변화무쌍한 멜로디에 귀 기울이는 일이 잦아졌다. 예전에는 없던 일이다. 설령 있었다 해도 어쩌다 무심결에 하는 정도였다. 이 땅에 살면서 여러 가지 경험을 쌓은 만큼 땅의 기운을 음미할 수 있는 감각이 더 많이 열렸기 때문이리라. 땅에서 음미할 수 있는 것이 많아지면서 체험도 많아지고, 땅에 더 많이 빠져들며 내 존재의 본 모습을 인식하게 된 때문일 것이다. 나는 내 영역의 주인이 아니다. 이 삶터라는 피륙을 직조하는 한 가닥 실오라기에 불과하다. 눈에 드러나기보다는 감추어진 것이 더 많은 수백만 가닥의 전체 가운데 한 가닥 실오라기일 뿐이다.

1

언스쿨링

우리 부부가 결국 구입하게 된 이 땅을 처음 걸어본 지 4년이 조금 지나 첫아들 핀리(보통은 핀이라 부른다)가 태어났고 비로소 부모가 되었다. 라이는 그 후로 거의 3년이 더 지나 태어났다.

부모가 된 후로 내가 배운 모든 것 가운데 참으로 받아들이기 힘든 점이 있다. 아이들에게 특별한 결과를 기대하는 행위야말로 이기적이고 위험할 수조차 있다는 사실이다. 가끔은 이 사실이 내가 배운 것 중 **가장 중요한 것**이 아닌가 싶어질 때가 있다. 이 점은 가벼이 넘길 부분이 아니다. 실제로 우리는 아이의 운명을 결코 좌지우지할 수 없는데도, 그럴 수 있다는 착각과 오만에 빠져 있기 때문이다. 물론 부모가 되면 이 유혹에서 빠져나오기란 여간 어려운 일이 아니다. 우리는 끊임없이 아이의 삶을 조종하려 든다. 아이에게 정해진 미래를 안겨 줄 수 있을 듯이 행동한다. 그래서 나는 우리 아이들이 자기 삶의 이야기를 어떻게 써 나갈지 결정하더라도 결코 나의 이야기나 상상을 대입해서는 안 된다고 스스로 다독이곤 한다.

우리가 무기력하게 아이의 삶에 어떠한 방향도 제시할 수 없다는 의미는 아니다. 그보다는 아이들은 언제나 우리를 놀라게 하며, 그로 인해 우리가 아이들에게 품었을지도 모르는 희망은 번번이 꺾이리라는 사실을 받아들이려는 것이다. 내 경험으로는 희망사항이 구체적일수록 충족하기 어렵다. 당연한 말이지만 나 역시 내 아이들을 대신해 바라는 일을 완전히 끊기는 어렵다. 결국 나도 이 아이들의 아버지 아닌가. 나도 한갓 인간에 불과하다.

무엇보다도 나는 우리 아이들이 삶터와 연결되어 자신을 이 세상에서 어떻게 자리매김할 수 있는지 깨닫는 감각을 가지기를 바란다. 나는 아이들이 행복에 앞서 그렇게 되기를 바란다. 삶이란 단지 행복으로 다 설명할 수 없는 심오한 경험의 연속이다. 행복만으로는 흔들림 없이 단단한 정서적 토대를 다질 수 없고 따라서 그 위에 충만한 삶을 지을 수도 없기 때문이다. 나는 아이들이 성공에 앞서 그렇게 되기를 바란다. 적어도 우리 문화가 성공을 돈과 권력, 명성으로 규정하는 한 이 바람에는 변함이 없다. 나는 또한 아이들이 육체의 건강에 앞서 그렇게 되기를 바란다. 건강은 신체뿐만 아니라 정서와 영혼의 건강까지 포함하며 이런 의미로 사람이 자신의 삶터와 연결되고 그 안에서 안정을 찾을 수 있을 때라야 얻을 수 있기 때문이다.

나의 아이들이 육체적 생을 다할 때까지 이 땅에 머물러야 한다는 뜻은 물론 아니다. 내가 말하는 연결은 특정한 삶터에 자리 잡을 때 당연히 서서히 스며들 수 있는 것이지만, 쉽게 끊어질 수 없는 유대이기에 옮겨 다닐 수도 있다. 영구적이고 조건이 없으며 거리와 환경에 구애받지 않는다는 점에서 형제자매 간의 또는 부모와 자녀 간의 유대와 많이 닮았다. 이런 의미에서 특정한 장소와의 연결을 초월하는 자기 자신과의 연결이다. 아름다움이 넘쳐흐를 수도 있고 비극이 넘실댈 수도 있는 거대한 세상에 스스로 어떻게 자리매김하는지 눈뜨는 깨달음이기도 하다.

나는 이 연결이 정확히 어떤 모양새이며 어떤 느낌인지 알지 못한다. 부분적으로는 페니와 나 역시 우리 아이들과 함께 그 연결의 형태를 배워 가고 있는 탓이다. 지금 우리 아들 세대의 아이들도 똑같이 겪고 있지만, 우리 세대 대부분의 아이들과 마찬가지로 우리도 세상에서 우리 자리를 정할 수 있는 자유를 누리며 자라지 못했다. 대다수 아이들처럼 우리도 남이 시킨 대로 자리를 지정받았다. 그 지시는 불친절한 것도 큰 애정이 담기지 않은 것도 아니었으며, 명시적으로 이루어진 것도 아니었다. 그러나 사람들은 우리가 아무런 토를 달지 않고 고분고분 따르기를 기대했으며, 우리에게 무엇이 필요한지 어떤 대가가 따를 것인지에 대한 배려는 거의 없었다. 또래 대부분과 함께 페니와 나도 학교에서 각각 어린 시절의 형성기를 보내며, 배워야 할 내용을 지정받는 학생으로 처신했다. 다른 방식으로도 배울 수 있다는 사실은 전혀 고려되지 않았다. 학교에서 배우는 내용 말고도 배울 거리가 있으며 그렇게 배워야 할 내용은 상당 부분 점수나 등급을 매길 수도 없고 과목으로 구분할 수도 없다는 사실은 결코 논의되지 않았다. 명령식 교육이 자신감을 향상시키기보다 실제로는 좀먹을 수도 있다는 생각을 떠올리는 사람은 아무도 없었다.

이런 가능성이 논의되지 않은 이유, 아동기 대부분을 학교에서 보내면 자신감을 잃을 수도 있다는 사실이 누구에게도 떠오르지 않은 이유는 어렵지 않게 찾을 수 있다. 우리 부모님들도 똑같은 일을 겪었기 때문이다. 남들이 지혜처럼 받드는 관습에 이의를 제기하려면 크나큰 자기 확신이 있어야 한다. 그러나 그마저도 획일적이고 서열화된 교육 체제의 힘을 당해 내기 힘들다. 도리어 주류 문화의 비위를 거스른 대가로 시건방진 사람, 문제아, 심지어 위험인물로 낙인찍힐 각오를 해야 한다. 페니와 나도 그렇고 이런 식으로 인식되고자 하는 부모는 없다.

핀과 라이가 앞서 말한 연결을 발전시켜 나갈 것이라고 내가 보장할 수는 없음을 나는 안다. 나도 그렇고 모든 부모의 가슴 한편에 숨어 있는 불편한 진실을 알기 때문이다. 우리 아이들의 장래가 어떻게 될지 우리가 아는 것은 불가능하다. 앞서 아이들에게 특별한 결과를 기대하는 행위가 위험할 수조차 있다고 한 말에는 본디 이런 의미가 담겨 있다. 부모의 바람이 완전히는 실현될 수 없다는 것은 거의 피할 수 없는 진실이기 때문이다. 이카로스가 아버지의 신신당부에도 불구하고 태양에 치명적으로 가까이 날아 오른 이래, 아이들은 놀라운 일을 저지르고 기대를 저버리기 일쑤였다. 그래서 아이들이 나를 놀라게 하고 기대를 벗어난 모습을 보여도 실망하지 않는 자세야말로 내가 마주한 가장 큰 시험대라는 생각을 가끔 한다.

그렇다. 나로서는 우리 아이들의 장래가 어떻게 될지 알 수 있는 방도는 없다. 그러나 내가 아는 것 또한 있다. 내 경험으로 보건대 아이들에게 더 큰 자유와 자율성을 허락해 열정을 좇아 자기 방식대로 배우게 하면, 더 적극적으로 더 깊이 배움에 빠져든다. 나 스스로도 똑같은 자유와 자율성을 누릴 수만 있다면, 나 또한 더 깊이 빠져들고 더 많이 배우게 된다.

아이들의 미래를 알 수 없기 때문에 페니와 나는 현재에 집중하며 아이들이 소소한 일상에서 배우고 성장할 수 있도록 관심을 기울였다. 그중에는 의도적인 경우도 있었지만 심심치 않게 전혀 예기치 않은 학습 환경이 나오기도 했다. 우리는 핀과 라이를 생활에 밀착한 학습 환경에서 교육하고자 했다. 이 방식을 흔히 '언스쿨링' unschooling이라고 한다. 공립이든 사립이든 학교에 다니지 않고 조직적인 교육과정을 따르지 않는다는 의미다. 다만 집 주변의 숲과 들판을 탐구하는 일도 '교육과정'으로 간주할 만하다면 여기에 예외가 될 수는 있겠다. 아이들은 숙제도 없고 시험을 치르지도 않는다. 아이들의 성과에 등급을 매기지 않아도 되고 또래 아이들의 성과와 비교할 일도 없다. 억지로 책상 앞에 앉지 않아도 되고, 정해진 시간에 맞춰 정해진 과목을 공부하지 않아도 된다.

홈스쿨링하면 종교적 신념과 연결 짓는 경우가 많다. 2007년 국립 교육통계센터National Center for Education Statistics의 조사에서 83퍼센트에 달하는 홈스쿨링 부모가 '종교 또는 도덕 교육'의 필요성 때문에 재택 교육을 결정했다고 대답했다. '도덕 교육'은 종교적 맥락이 없어도 가능하기 때문에 2백만 명으로 추산되는 미국 홈스쿨러 가운데 80여 퍼센트가 전부 종교에 영향 받았는지는 확실히 알 수 없다. 그럼에도 불구하고 대중이 홈스쿨링 가정을 근본주의까지는 아니더라도 종교적 성향이 확고한 사람들로 인식한다는 사실에는 이견이 없어 보인다.

우리 가족은 특정 종교를 신봉하지는 않는다. 그렇다고 해서 영성이 부족하다는 말로 들리지는 않았으면 좋겠다. 우리 지역에도 홈스쿨링 또는 언스쿨링 가정이 여럿 있다. 그 가운데 종교적 이유로 이길을 선택한 가정은 내가 아는 바로는 하나도 없다. 우리 사는 곳이단지 좀 유별나서일 수도 있고 어쩌면 홈스쿨링의 추세가 전반적으로 변하고 있음을 반영하는 것일 수도 있다. 아마 두 가지 가능성이 조금씩 섞였을 것이다. 어쨌거나 우리가 알고 지내는 홈스쿨링 가정은 보통 우리와 거의 비슷한 이유로 재택 교육을 선택했다. 제도 교육이 그들의 교육관에 맞지 않기 때문이다. 여기에 아이들이 공적인학교 제도에서 감수해야 할지도 모르는 모욕감을 피하게 하려는 심정에서 이런 결심을 굳히는 경우도 종종 있다.

언스쿨링이라는 용어는 1977년 발행된 〈학교 없는 성장〉*Growing Without Schooling*이라는 교육 잡지의 2호에서 처음 사용되었다. 용어 사용의 취지는 다음과 같다. "GWS는 아이들이 학교를 벗어나도록 한다는 의미로 '언스쿨링'이라는 용어를 사용한다. 그리고 '탈학교'*deschooling*라는 용어는 법 개정을 통해 학교가 의무교육이게끔 만드는 정책을 바꾸며, 아이들을 등급 · 서열로 나누고 분류하는 행위, 즉 공적 · 공식적 · 영구적으로 판단하는 권한을 박탈한다는 의미로 사용한다."*

〈학교 없는 성장〉은 교육자인 고(故) 존 홀트John Holt가 출간한 교육지이다. 존 홀트는 『아이들은 왜 실패하는가』*How Children Fail*와 같은 중요 저작을 포함해 아동과 교육을 주제로 책 십여 권을 남겼다. 이 책에서 홀트는 자신의 관찰을 바탕으로 아이는 본디 지적 능력이 있으며 배우려는 기질을 타고난다는 평소의 신념을 펼쳤다. 홀트는 아이가 제도 교육 안에서 그 능력을 제대로 발휘하지 못하는 문제를 지적했다. 제도 교육 체제에서는 아이들을 다수의 집단 속에 두어야 하고 그러자면 교육과정은 엄격한 기준과 성적에 의존해 적용해야 한다. 그러나 이런 환경에서 아이의 교육을 개인적으로 접근할 여지는 없다. 『아이들은 왜 실패하는가』가 1백만 부나 넘게 팔린

---

* John Holt, *Growing Without Schooling*, no. 2 (1977).

사실을 보더라도 이 주장에 동의하는 사람이 적지 않다는 사실은 확실하다.

홀트는 홈스쿨링과 언스쿨링 운동 둘 다를 제안했는데, 두 용어를 종종 혼용하거나 동일한 개념으로 이해하는 사람들이 많다. 언스쿨링이 대체로 집을 중심으로 이루어지고, 홈스쿨링의 하위 개념 정도로 이해될 소지가 충분하기 때문이다. 그러나 전통적 홈스쿨링이 교과서와 수업시간 편성, 심지어 사전에 계획된 교육과정 등 학교의 방식을 집으로 가져왔다는 점에서 언스쿨링은 홈스쿨링과 큰 차이가 난다. 그렇다고 핀과 라이가 언스쿨링을 하면서 책을 많이 읽지 않는다거나 공부를 하지 않는다고 해석할 필요는 없다. 실제로 우리 아이들은 책도 많이 읽고 공부도 꽤 하는 편이다. 다만 아이들은 자연스럽게 우러난 관심과 열의에 따라 공부할 분야를 정한다. 아이들은 누군가 지정한 주제를 공부하는 게 아니라 자기들이 선정한 주제를 공부한다. 그들이 기계적인 암기를 배우더라도 그것은 이러한 선택, 그들의 개인적인 관심과 열성의 범위를 벗어난 것이 아니다. 그것은 가령 산수나 철자법처럼 그들이 세상에서 제구실을 할 수 있게 해 주는 필수 기술인 것이다.

언스쿨링은 모두 홈스쿨링이라 할 수 있어도 홈스쿨링을 전부 언스쿨링이라 할 수는 없다는 해석에서 이 둘 사이의 관계를 그나마 쉽게 알아볼 수 있다. 그리고 두 분야는 서로 배타적이지도 않다. 실제로 우리 주변에는 언스쿨링과 전통적 홈스쿨링의 요소를 적절히 섞어 운영하는 가정도 많다. 가정을 거점으로 교육을 시작하면 긍정적인 면을 많이 발견할 수 있다. 그 가운데 부모에게도 자유로이 탐구하고 실험할 수 있는 재량이 생긴다는 점이 두드러진다. 또한 아이가 특정한 학습 방식에 어떤 반응을 보이는지 제대로 확인하려면 곁에서 그 효과를 지켜보아야 하기 때문에 필연적으로 아이를 관찰할 수 있게 된다.

형식과 구조라는 면에서 보면 미국의 부모에게 열려 있는 교육 방식 가운데 언스쿨링은 분명 가장 느슨한 형태이다. 정확히 이런 이유로 언스쿨링은—확실한 정의가 없다는 점에서도 그렇지만—명확하게 설명하기가 몹시 어렵다. 위키피디아는 언스쿨링에 "교육이 학교보다 더 중차대하다는 신념을 바탕으로 다양하게 적용되는 교육철학"이라는 설명을 덧붙인다. 다양하다는 말에 여러 가지 해석의 소지가 있기는 하지만 그나마 이해에 도움을 주는 설명이라 생각한다. 여기서 요점을 추리자면 언스쿨링은 명확하게 정의할 수도 없고, 정의에 얽매여서도 안 된다. 가정환경과 아이 상황에 따라 유동적이고 개별 맞춤이 가능해야 하되, 명료함에 얽매여서는 안 된다. 현재의 제도 교육이 고정된 일정과 표준 평가, 연령별 학습을 엄격하게 적용한다는 사실에 비추어 언스쿨링은 그와 대척 지점에 있다. 나와 페니는 '삶을 통한 배움'이어야 한다고 정의 내린다. 위키피디아의 설명과 매한가지로 정확하다고 할 수는 없지만 여기에는 우리의 생각이 확실하고 솔직하게 담겨 있다. 핀과 라이는 자기들의 삶을 산다. 그리고 살면서 배워 나간다.

언스쿨링이 무엇인지 설명하느라 이미 한두 쪽을 할애했지만, 솔직히 말해서 언스쿨링이라는 용어도 그다지 마음에 들지 않는다. 무언가를 하지 않고 퇴짜 놓는다는 느낌이 풍기는 탓이다. 오히려 우리가 추구하는 배움은 능동적이고 포괄적이고 참여를 끌어내며, 아이 본연의 호기심과 배우고자 하는 관심에 지렛대를 놓아 몸과 마음과 영혼을 살찌우고자 하는 것인데 말이다. 이 말이 억지스럽다거나 애매모호하다는 느낌이 들지도 모르겠지만 그렇다면 그것은 우리가 아이들 교육에서 기대하는 게 거의 없어졌기 때문이다.

더욱이 핀과 라이는 학교에 다닌 적도 결코 없으니 우리는 학교의 영향을 털어내고 있는 것도 아니다. 우리로서는 털어낼 게 아무것도 없다. 공식적인 교육 기관에 다니지 않는다고는 해도 이 방식을 거부한다기보다는 다른 대안을 적극적으로 찾아 나섰다는 말이 맞다. 사실 우리는 읍내의 공립학교가 지역사회에 기여한 점에 고마움을 느낀다. 물론 그 안에는 제도 교육 본래의 문제도 분명히 있을 것이다. 하지만 재택 교육을 선호하는 가정이 있더라도 그런 교육을 쉽사리 고려할 수 있는 부모가 여전히 많지 않다는 사실도 무시할 수 없다. 여기 관련해서는 소득과 부채, 성공에 대한 문화적 기대 같은 주제와 이어지기 때문에 이어지는 내용에서 차차 논의하려고 한다. 가정마다 처한 현실이 다르다는 점을 고려하면 적어도 우리 지역은 학령기 아이들을 받아들일 수 있는 여건이 된다는 사실에 매우 감사할 따름이다.

이렇게 언스쿨링이라는 용어를 설명해 보았으나 우리가 실제로 하고 있는 교육을 정확히 드러내기에는 여전히 부족하기에 살짝 개운치 않은 감이 있다. 게다가 언스쿨링을 하는 다른 가정의 상황을 충분히 설명하지 못한다는 점 또한 분명하다. 물론 그것은 그들이 결정하도록 내버려 둘 문제일 테지만 말이다. 그러나 불완전한 의미 전달로 인한 우려 못지않게 언스쿨링이라는 용어가 가져오는 효과도 있다. 우선, 간결하다는 점이다. 우리가 선택한 교육의 길을 정확하게 설명하려면 한 단어로는 어림도 없고 책 한 권을 통째로 할애해야 할지도 모른다. 둘째, 연상 효과가 있다. 거의 누구라도 학교라고 하면 떠오르는 것들이 있다. 즐거운 것일 수도 있고 별로 그렇지 않은 것일 수도 있으나 언스쿨링이라는 용어에 단지 스쿨이라는 단어가 들어 있다는 사실만으로도 사람들은 감정이 동반된 반응을 보인다. 셋째, 주의를 끈다. 특히 교육에 대한 관심이 지대한 환경일수록 주목을 받는다. "언스쿨링이요? 그게 도대체 뭔데요?" 그러면 나는 흥이 올라 우리 아이들이 이러저러한 식으로 배운다며 장황한 설명을 늘어놓곤 한다.

이렇듯 여러 사정과 그리고 아직 더 적절한 용어를 찾아내지 못한 까닭에, 나는 여전히 언스쿨링이라는 단어를 사용해 우리 아이들의 배움 이야기를 풀어 나가려고 한다.

우리 아이들이 받는 탈제도적 교육을 설명할 때면 심심치 않게 회의 섞인 질문을 받기도 한다. "아이들이 의사가 되고 싶다면 어떻게 하려고요?", "아이들이 어떻게 배우는데요?", "대학에 가겠다면 어떻게 하실 거예요?", "사회 적응은 염려되지 않나요?" 이런 질문을 수없이 듣다 보니 이제는 물어보는 사람의 생각이 머리에서 혀로 전해지는 모습까지 들여다보인다. 그 사람이 물어보기도 전에 질문이 들리는 경지에 올랐다.

이런 물음에 대한 나의 대답은 한편으로는 간단하다. 나는 각각 이런 식으로 답한다. "아이들이 의사가 되기로 마음먹는다면 그러려고 하겠죠", "누가 대신 배워 줄 수도 없으니 알아서 배우던데요", "대학에 가고 싶다면 가라 해야죠. 아무도 말릴 수 없으니까요." 그리고 사회성에 대해서는 이렇게 대답한다. "아니요. 아이들 사회 적응은 별로 걱정되지 않아요. 그런데, 학교 다니는 아이들이 무엇에 사회화되는지 걱정되지는 않으세요?" 그러나 다른 한편으로는 복잡하다. 우리가 핀과 라이 그리고 우리 자신에게 바라는 것들은 대개 오늘날의 성취 기준으로는 제대로 측정할 수 없기 때문이다. 이따금씩 페니와 내가 금전적 풍요 아래 사는 대신 자유를 누리며 가능한 한 자주적으로 살고자 이 길을 택했다는 사실을 떠올린다. 우리의 하루하루가 장작과 건초 작업 같은 노동으로 온몸이 쑤시고, 동트기 전부터 이마에 땀방울이 맺힐 정도로 고되다는 사실도 떠오른다. 때로 허드렛일을 한참 하다가는 으레 반복과 피로에 질려 싫증이라도 나

면 이런 생각도 든다. '이러지 않아도 되는데.' 그러다가 이내 이런 생각마저 든다. '내가 틀린 걸까?'

물론 틀린 것은 없다. 짧은 순간이나마 어떤 회의가 찾아온다면 그것은 모두 내 안의 목소리가 울린 탓이다. 물론 좋은 의도의 목소리라는 것도 안다. 아무래도 아이들이 자기 원하는 진로를 찾기는 힘들 것 같으니 신경 써야 한다거나, 안정된 일자리를 찾으면 번거로운 일거리는 사람을 쓰든가 기계 정도는 빌릴 수 있으니 조금이라도 편하지 않겠느냐는 염려 따위가 그렇다. 우리를 지탱하며, 우리 삶에 여유와 균형을 얹어 준 신념과 경험보다 이런 소리가 더 크게 울렸던 모양이다.

우리 가족이나 다른 가족 할 것 없이, 부모가 자녀 교육에 거는 기대로 인해 균형감을 상실한 경우를 나는 종종 보아 왔다. 과외 활동을 적절히 조절하지 못하거나 '좋은 기회'라면서 마구잡이로 찾아 주다가 오히려 그것에 휩쓸리고 마는 모습이 그렇다. 비록 선의에서 비롯된 일이기는 하나, 아이에게 득이 되리라는 믿음이 앞선 나머지 거기에 따르는 대가는 고려하지 않는다. 하루 한 시간이 금쪽같다고 서두르다 보니 그저 가만히 앉아 해 질 녘 장관도, 7월 장대비의 시원함도 온전히 즐기지 못하는 신세가 되고 만다.

부모 입장이 되어 봐야 제대로 이해할 수 있다는 말은 아니다. 이 책에 온전히 아이들의 이야기만 있는 것도 아니며, 아이들은 부모 말고도 주변 여러 사람들의 도움과 사랑 또한 절실하기 때문이다.

홈 그로운─아이들은 스스로 배운다

멘토 문제만 하더라도 그 중요성에 비해 그다지 주목받지 못하며, 사실상 멘토라 할 만한 사람들은 지역에서 거의 찾아보기 힘들다. 멘토링 프로그램을 진행하는 지역도 있기는 하지만, 대개 가정을 꾸리는 형편이 남달라서 도움이 '필요한' 아이들을 대상으로 한정하는 경향이 있다. 그러나 아이라면 어른은 물론 연세 지긋한 어르신과 상호 존중하는 관계를 만들 필요가 있다. 이런 관계를 경험해야 배움을 넓히고 지역사회, 더 나아가 세상에서 자신의 역할에 눈을 뜬다.

　뒤에 더 자세히 이야기하겠지만, 우리는 핀과 라이에게 멘토가 되어 줄 사람을 찾느라 적잖은 수고를 기울였다. 우리 아이들에게 멘토라는 존재의 역할은 단순히 중요하다는 말로 다할 수 없을 정도로 엄청나다. 또한 아이들에게 그치지 않고 페니와 나의 삶에도 그만큼 중요한 영향을 끼쳤다. 우리가 찾은 멘토들은 자신이 체득한 지식과 경험으로 삶을 뜨겁게 끌어안는 사람들이었으며 책임감을 갖고 이 지식을 전해 주려 했다. 이 모든 지식과 경험, 열정을 우리와의 관계 속에 녹여 냈기 때문이다. 최근에 라이가 밴조 수업을 쉬기로 결정하자 음악 선생님인 사라는 도움이 필요하면 언제든 연락하라고 아이에게 당부를 아끼지 않았다. "20년이 지나더라도 무엇이든 물어보렴. 음악이 아니라도 상관없어." 그녀의 제안은 이러한 전수(傳授)에 반드시 필요한 아량을 보여 준 것이었다. 우리 아이들과 함께 보낸 시간의 흔적과, 서두르지 않고 전수해 준 기술과 지혜도 어렴풋이 느낄 수 있었다. 뿐만 아니라 가르침만큼이나 중요한 나눔의 정신도 확인할 수 있었다.

우리는 주류의 방식과는 참으로 거리가 먼 삶을 택했다. 교육 방식과 하루하루를 어떻게 보내는가가 남다르다. 먹거리 대부분을 자급자족하며, 집 가까이 머무른다. 때로 우리 가족의 목소리가 군중 속에 파묻히는 기분이 든 나머지 외로운 공간에 남아 있는 듯한 심정이 되기도 한다. 그 외로움이란 좋은 인간관계가 없어서가 아니라, 뭇사람의 판에 박힌 목표와 기대치에 엇박자로 사는 데서 찾아오는 문화적 차원의 것이다. 우리는 자린고비처럼 수십 년 된 차를 몰면서도 흡족하게 지낸다. 중고품 바자에서 산 셔츠는 노동으로 닳아 해어져 군데군데 헝겊으로 깁고, 기운 자리를 또 기워 상처에 굳은 딱지처럼 보인다. 우리 가족에게 부(富)란 우리가 심은 나무, 숲을 돌아다니며 보낸 시간, 함께 나눈 식사를 눈금 삼아 측정할 수 있는 개념이다. 우리는 돈을 많이 벌지 않으며 많이 벌고 싶은 마음도 없다. 우리가 돈을 버는 데 쏟아붓는 시간은 사람들이 돈으로 쳐주는 것보다 더 가치 있다고 믿기 때문이다. 우리의 길에 덧붙는 어떤 사회문화적 고립감은 완전히 사라지지 않는다. 그럼에도 불구하고 우리가 가기로 한 길로 더 열렬히 빠져들수록, 비슷한 길을 걷는 다른 이들과 더 뜨겁게 맺어짐도 안다.

한편, 핀과 라이는 사람들이 자기들을 색다르게 바라볼 수도 있다는 사실에 크게 개의치 않는 모양이다. 최근에 우리는 어느 작은 도

시의 야외 음악회에 다녀왔다. 아이들은 낡은 위장 무늬 바지에 작업용 고무장화 차림이었고 허리띠에는 휴대용 칼을 매달았다. 거기에 우리 집 양의 털을 깎아 직접 만든 펠트 모자를 쓰고 있으니 유달리 튀어 보였다.

"사람들이 다 우리를 쳐다보고 있어요." 30분가량 지났을 때 핀이 주위의 시선을 느끼며 말했다.

"신경 쓰이니?"

"아니요. 오히려 재미있어요." 내가 물어보니 녀석은 이렇게 대답하고는 남의 시선을 마저 즐기려는 듯 뛰어 나갔다.

남들과 다른 길을 걷고 있다는 이 느낌이 내 삶에, 그리고 아이들을 키우는 원칙 앞에 놓인 과제이다. 다양한 방식으로 내 길이 틀렸다고 말하는 세상에서 나의 진리를 놓치지 않아야 하는 것이다. 주류 경제와 이 경제를 떠받치는 이론 어디에도 우리의 길을 지지하는 목소리는 거의 들리지 않는다. 그것은 정확히 우리가 택한 방식에는 그들의 이익으로 귀결될 만한 게 없기 때문일 것이다. 돈이나 재화보다 시간을 귀하게 여기는 우리의 선택은 우리 말고는 아무에게도 이익이 되지 않는다. 우리를 둘러싼 자연과 사람에게서 영감과 여흥을 찾으려 집이나 가까운 지역 멀리 벗어나지 않기로 한 결정도 남에게는 이익이 되지 않는다. 우리가 사람뿐 아니라 나무, 동물을 가리지 않고 그들과의 관계에 투자하기로 한 결정도 우리 말고는 누구에게도 이익 될 게 없다. 우리의 소비와 시간 사용, 우리 삶의 형성에 영향을 주는 모든 것들에 대해 분별 있게 처신하려는 결정 또한 남의 주머니를 채우는 데는 아무 쓸모가 없다.

이와 관련해, 이 책에는 명백히 자기 본위적인 것이라 해야겠지만 한 가지 역할이 더 있다. 우리가 가는 길이 일반의 기준에서 자주 벗어난다는 이유만으로 우리가 미친 사람들은 아니라는 것을 내게 일깨워 주는 것이다. 그것은 우리가 상상하는 세상은 우리가 개인이나 집단으로서 실행하기에 불가능하지도, 비현실적이지도, 비논리적이지도 않다고 일러준다. 그와는 정반대로, 우리가 상상하는 세상은 이성적이다. 아름다움, 친절, 관용, 풍요, 관계 맺음connection과 같은 가치는 심오한 이성의 산물이다. 세상은 이런 가치를 아낌없이 내주기에 세상에 이성적으로 대답하려면 같은 가치를 통하는 방법밖에 없다. 이 가치들 모두 인간과 자연 속에 체화되어 있어 우리 주변에서 찾을 수 있다. 우리 아이들 덕에 이런 근원적 진리에 접근할 기회를 얻었으니 나는 우리 아이들에게 빚을 진 셈이다.

요 몇 년 사이에, 나는 몇 차례 믿기지 않는 상황을 경험했다. 페니와 내가 아이들에게 우리의 가치로 세상을 바라보라고 기회를 열어주면 아이들도 우리에게 같은 기회를 돌려주며 보답한다. 지난여름에 겪은 일이 그랬다. 아침 식사를 마치고 내가 설거지를 하고 있는데 열린 주방 창문으로 라이가 나를 불렀다. "아빠, 밖으로 나와 봐요. 여기 좀 봐요." 라이는 웅크리고 앉아 축 늘어진 별코두더지의 시체를 들여다보고 있었다. 우리 집 고양이 녀석의 포식 본능에 제물이 된 모양이었다. 라이는 두더지의 앞발에 날카롭게 돋친 발톱을 보여 주었다. 주둥이를 둘러싼 작은 돌기도 가리켰는데 자세히 보니 모두 스물두 개나 되었다. 우리는 나중에 공부하면서 이 두더지의 돌기에는 감각기가 2만 5천 개나 있어 먹잇감을 감지하고 구별한다는 사실을 알게 되었다. "와! 대에박!" 이 사실이 신기했던지 라이가 감탄했다. 우리는 내 얼굴에 그런 돌기가 스물두 개나 돋아 있다면 어떤 생김새일까 하고 농담을 이어 갔다. "두더지랑 별로 다르지 않을 거예요." 나는 라이의 대답에 삐진 시늉을 했다.

핀이 숲에 들어갔다가 돌아와 모자 한가득 야생 먹거리를 내어놓을 때도 마찬가지다. 아이가 채집한 먹거리는 돌돌 말린 고비 새 순, 블랙베리, 가문비나무 껍, 졸참나무버섯, 눈개승마, 미나리냉이까지 다양하다. 핀은 밖에 나갈 때 어김없이 낚싯줄과 바늘을 주머니에 챙겨 다닌다. 심심치 않게 물기를 떨구며 반짝거리는 송어 한두 마리를 잡아올 때도 있다. 그러면 핀은 불을 지피고 돌을 뜨겁게 달군 다음, 그 위에 송어를 얹어 살이 하얗게 익고 가시에서 발라져 나와 바삭해질 때까지 굽는다.

우리 아이들이 없었다면 별코두더지라는 동물도, 그 동물의 감각 돌기도 알 도리가 없었을 것이다. 고비 새 순이나 블랙베리는 알아도 가문비나무 껍은 무언지 몰랐을 것이다. 눈개승마와 미나리냉이도 확실히 몰랐을 것이다. 갓 잡은 송어를 뜨거운 돌에 얹어 요리하는 법도, 심지어 세상에 그런 진기한 방법이 넘친다는 사실도 모르고 지냈으리라. 그날 아침 라이가 별코두더지를 발견한 이후로, 나는 이따금씩 2만 5천 개 감각기를 떠올리며 사용하지 않고 잠들어 있는 감각기가 내 안에는 도대체 몇 개나 있을까 헤아려 본다. 그리고 아이들 덕에 간신히 살아난 감각이 또 얼마나 많은지 깨닫고는 놀라고 만다. 적절한 자극이 찾아와 긴 동면에서 깨어나기만을 기다리는 감각이 얼마나 더 많이 남아 있을까? 그렇게 해서 깨어난 감각이 이 세상과 그 안의 나에 대해서 어떤 이야기를 속삭여 줄까 궁금해진다.

내가 이 속삭임을 듣지 못한 까닭은 나 자신을 사람과 자연에서 저만치 떨어진 존재로 인식한 탓이다. 물론 나는 떨어져 있지 않으며, 우리 가운데 그렇게 떨어져 있는 사람은 아무도 없다. 우리는 모두 서로 엮여 있으며 서로에게 의존한다. 그렇기 때문에 우리는 우리가 곁의 존재를 비옥하게 하는 꼭 그만큼 풍요해지기 마련이다. 나는 이런 이치를 학교에서 배우지 않았다. 아이들에게서 배웠다.

홈 그로운—아이들은 스스로 배운다

단풍나무의 선물

3월 중순이 되어 나는 양손에 각각 5갤런짜리 양동이를 들고 비틀거리며 목장을 걸어간다. 양동이는 단풍나무 수액으로 출렁거린다. 땅에는 이제 맨살이 거의 드러난다. 지나고 보니 겨울은 쏜살 같이 지나가 약한 기운만 남아서 이제 그 덧없음이 꿈결 같다. 겨울이 언제 왔었나 싶을 정도다. 그러고 보니 제설트럭이 딱 한 번 눈 속에서 버둥댔을 뿐이고 헛간에는 땔나무가 아직 두 줄 가득 남아 있다. 다시 가을이 오면 남아 있는 나무 덕에 든든할 것 같다.

수액 1갤런의 무게는 8파운드이며, 나는 10갤런을 옮긴다.(아니, 양동이 가장자리로 수액이 넘쳐 흘러 9갤런쯤 될지 모른다.) 70, 80파운드. 그리 과한 무게는 아니라 해도 멀리 꽂아 둔 수액 꼭지들이 들판 저쪽 400여 미터 떨어진 곳에 있다. 이곳의 나이 든 단풍나무들이 우리 땅과 이웃인 멜빈네 목장 사이에 경계를 이룬다. 크고 우아한 이 나무들은 수십 년, 몇 세대를 두고 이 구역을 지켜보았다. 이 나무들을 보면 그 그늘에서 빈둥거리는 젖소가 떠오른다. 나무가 버텨 낸 그 모든 폭풍과 해마다 되풀이된 건초 작업도 떠올리지 않을 수 없다. 말이 끌던 건초 수확기에서 초창기 포드와 매시퍼거슨의 트랙터를 거쳐 지금 멜빈이 모는 오후 한나절 만에 들판 전체의 풀을 거둘 수 있는 덩치 큰 뉴홀랜드 모델에 이르기까지 농기계 변천사를 두루 지켜보았으리라. 해마다 어김없이 이 나무들은 수액을 내준다. 내가 이 선물을 받는다면 나무에게 예를 갖추는 일일까 아니면 착취하는 행위일까? 이따금 두 행위의 차이가 두드러지지 않은 듯 느껴질 때면 신기한 기분에 젖는다.

그럼에도, 단풍나무가 겪어 온 세월과 그들이 선사한 것들을 나란히 놓고 가만 생각해 보면 과연 내가 그 선물을 받을 자격이 있는지 겸허한 마음을 갖게 한다. 그래서 수액 채취에 들이는 수고도 기꺼이 감수한다. 2월 말이 되면 눈 덮인 들판을 지나 나무에 구멍을 내 꼭지를 달고 수액 통을 매단다. 그리고 이맘때 저려 오는 어깨를 참아 가며 하루가 멀다 하고 수액을 옮겨 농축 작업에 들어간다. 제재소에서 나온 자투리 나무로 불을 지피며 그 많던 수액이 걸쭉한 단물만 남을 때까지 줄인다.

이제 집까지 거의 반 왔다. 다른 나무 곁에 멈추고 보니 양동이에는 수액이 가득 차 있다. 나중에 다시 돌아와야 한다. 골짜기 아래쪽에서 엔진 소리가 멀어지듯 들려온다. 응달에 남은 마지막 눈을 따라 달리는 스노모빌이거나, 때 이른 오프로드용 오토바이가 아닐까 싶다. 요란한 소리가 멀어지고 나니 헛간에서 양들이 고음을 발산하며 울어 댄다. 양들이 햇볕과 온기에 기운이 솟아 이리저리 서성이고 있는 모습이 그려진다. 곧 밖으로 풀려나와 갓 올라온 순한 싹을 뜯어 먹게 되리라는 사실을 녀석들도 직감하는 모양이다.

나는 양동이를 잠시 내려놓고 1분, 아니 2분쯤 뜸을 들이며 전날 아침을 떠올려 본다. 기온이 거의 영하 11도까지 떨어져 몹시 춥고 아직 날이 채 밝지도 않았는데 라이가 밖으로 나왔다. 라이는 '열병'이 났다. 이 지역 주민들 가운데 3월 후반 동안 사탕단풍나무의 수액을 뽑아 내는 사람들에게 찾아오는 신체의 고통을 흔히 부르는 말이다. 열병에 걸린 사람은 이 지역에 널린 진흙만큼 흔하다. 우리 이웃에도 매년 채취하는 수액에 생계를 건 사람들이 있다. 그들은 해마다 3, 4주가 걸리는 이 기간 동안 하루 평균 몇 시간도 눈을 붙이지 못한다. 지난 11개월 동안 준비했지만 이 흐릿한 날씨의 고된 노동의 나날을 보내야 결실을 맺는 것이다. 읍내에 나가면 우체국에서, 철물점에서 이들을 만날 수 있다. 이들의 눈 밑에 생긴 다크 서클만 봐도 지금이 무슨 철인지 알 수 있다. 다크 서클이 클수록 수액 채취량이 많음을 알 수 있다. 밥값을 제대로 하는 사람이라면 졸여야 할 시럽을 두고 쉴 수는 없는 노릇이기 때문이다.

라이도 지난 한 달 동안 장작으로 쓸 나무를 부지런히 주워 모으고, 어제는 돌을 둘러 화덕을 준비했다. 그 위에 수액을 끓이면 40분의 1의 비율로 시럽을 얻는다. 수액이 많이 나오는 나무를 핀이 선점할까 염려해서, 라이는 며칠 전부터 빨간 실을 둘러 자기 영역을 표시해 두었다. 얼핏 보면 나무줄기에 목걸이를 두른 것처럼 보인다.

"저 나무들은 내가 찜했어."

라이는 자기 생계가 오로지 이 일에 달렸다는 듯 심각한 표정으로 핀에게 말했다. 핀도 흔쾌히 그러라고 말했다. 어쨌든 핀도 자기 몫을 찾아 나설 테니 상관없을 것이다.

하루는 아침 일을 마치고 어떻게 하고 있나 찾아가 보니, 라이가 일찌감치 불을 지펴 수액이 끓는 단지에서 김이 모락모락 피어오르고 있었다. 나는 라이가 수액 모으는 나무를 살펴보려고 녀석이 점점 희미해지는 눈을 밟으며 다녔을 길을 따라가 보기로 했다. "저쪽이요." 내가 길을 물어보자 라이는 장갑 낀 손으로 가리키며 그저 짧게 대답했다. 라이는 페니를 닮아 필요 이상의 말은 하지 않는다. 언젠가 라이가 커서 이런 게 미덕이라는 사실을 이해할 날이 올 것이다. 나는 연못을 지나 그 서편에 있는 언덕을 넘고, 다시 그 뒤의 언덕으로 올랐다. 그리고 마침내 가파른 물매를 만나 엉덩이를 깔고 미끄러지다시피 내려가 숲으로 들어섰다. 라이는 그곳에 나무 십여 그루를 찜해 구멍을 뚫고 수액을 받았다. 발길이 뜸한 넓지 않은 단풍나무 잡목림이어서 나는 이런 데가 있는지도 몰랐다. 라이가 불을 피우는 곳에서 4백 미터도 넘게 떨어져 있는데다가 옮기는 길도 거의 오르막이다. 어떤 날은 수십 갤런을 나르기도 했다.

숲에서 나무를 둘러보는데 며칠 전 페니가 들려준 이야기가 떠올랐다. 라이가 밴조 수업을 마치고 차에 태워 집으로 돌아오는 길이었다. 페니가 자기는 아직도 여행하고 싶을 때가 있다고 한 모양이다. 페니는 늘 그런 식이었다. 우리가 처음 만났을 때도 1년 동안 호주와 뉴질랜드에서 배낭여행과 목장 일을 하다 돌아온 직후였다. 지금도 그녀의 DNA에 각인된 방랑벽이 여태껏 끈덕지게 살아남아서 완전히 뿌리 뽑을 수 없는 모양이다. 언젠가 아이들이 다 자라면, 아침에 일어나 주방 조리대에서 느닷없는 메모를 발견할지도 모른다. "짐을 꾸릴 것. 아프리카로 출발." 어쨌든, 라이도 여행이 싫지 않고, 문제없다고 말하면서도 볼멘소리로 애원했다고 한다. "그런데 단풍시럽하고 건초 작업을 할 때는 집에 돌아와야 해요. 절대 시기를 놓치면 안 돼요."

그날 오후, 나는 라이를 다시 찾아갔다. 아이 머리에 입을 맞추는데 머리는 증기에 젖어 촉촉하고 연기와 단풍나무의 향이 풍겼다. 하루 종일 장작을 게걸스레 먹어치우는 화덕 곁을 지키며 불꽃이 시들면 장작을 집어넣었다. 이제 장작더미도 거의 사라지고 수액이 담겨 있던 양동이도 거의 바닥을 드러냈다. 39배의 수액은 마치 없었다는 듯이 거의 증발해 버렸다.

"얼마나 나올 거 같아요?" 라이가 묻는 말에 단지 안을 들여다보니 거의 시럽처럼 되어 보이는 액체가 반 리터쯤 남아 보글거리고 있었다.

"글쎄. 얼마나 나올까?" 아이가 공들인 시간과 노력에 비해 아주 적은 양밖에 나오지 않았다는 얘기를 어찌 전해야 할지 몰라 나는 잠시 뜸을 들였다. 라이의 얼굴 여기저기에 묻은 검댕을 보니 선뜻 말이 나오지 않았다. 그래도 거짓말은 할 수 없었다. "아마 1파인트 (8분의 1갤런) 정도?"

"정말요? 1파인트 가득이나 돼요?" 수확량이 컵이 아니라 갤런으로 측정할 거라는 소리라도 들은 것처럼, 나를 올려다보는 아이의 얼굴에는 웃음꽃이 활짝 폈다.

나도 활짝 웃으며 대답했다. "그러엄. 1파인트. 꽉 채워서 1파인트."

2

이 땅에 정착하다

버몬트 주 북부에 가을이 깊어지면 으레, 어느 순간 다가오는 계절이 뚜렷하게 본색을 드러내는 날이 온다. 이런 날이면 얼얼한 바람이 불거나 굵은 빗방울이 내리기도 한다. 혹은 대기가 머금은 첫눈의 부드럽고 무심한 눈송이가 나풀거리다가 정처 없이 춤추며 동쪽으로 흘러간다. 이런 날이면 햇빛이 비추더라도 빛줄기는 확연히 기울어져 계절의 추이를 짐작할 수 있다. 그런데 이런 날이 오더라도 알아채지 못하고 그저 흘러가는 가을날 중 또 하루이겠거니 넘길 수도 있다. 그 전의 날들이 그랬고 그 뒤의 날들이 그럴 터이듯이 이 날의 특성과 의도가 분명하지 않은 것이다. 그러다 지나고 나서 생각해 보면 달라진 걸 느낀다. 보드라운 여름의 살점이 단단한 겨울의 뼈에서 떨어져 나간 날이었음을 알게 되는 것이다.

1996년 가을 페니와 내가 훗날 구입하게 되는 땅을 처음 걷던 그

날이 딱 그랬다. 그날은 갈색과 회색으로 얼룩덜룩했는데 그 색깔들은 계절과 하늘에 낮게 드리운 무표정한 구름들이 부드럽게 만든 것이었다. 군데군데 고집 센 잎들이 나무에 들러붙어 희미한 명줄을 놓지 않으려 애쓰고 있었지만 머지않아 낙엽이 될 처지였다. 매일, 이파리들이 떨어져 나갔다. 백골처럼 하얗고 가느다란 자작나무만이 그나마 색을 간직했다.

우리가 구입한 40에이커* 남짓한 땅은 들판과 숲이 어울린 곳이었는데, 이곳은 버몬트 주 북부의 캐벗Cabot이라는 마을 외곽에 있었다. 땅은 남서쪽으로 기울고, 불쑥 솟아오르거나 평평한 지형이 자주 나타나, 서둘러 내려갈 필요 뭐 있냐는 듯 경사면의 흐름을 끊었다. 높은 지형에서 바라보면 계곡을 가로질러 한쪽 산등성이를 차지한 목장이 보이고, 그 위에 얼룩무늬 홀스타인 종 젖소와 갈색을 띤 저지 종 젖소가 점점이 흩어져 있었다. 바야흐로 한여름 무성하던 녹음에서 겨울 불모지로 변태하는 과정이 진행 중이었다. 나비가 날개를 접고 고치를 트는 장면과 흡사했다.

캐벗이라고 하면 한 번쯤 들어 봤을 법한 이름이다. 들어 본 적이 있다면 같은 이름의 유제품 원산지이자 1918년 출범 후 치즈 업계의 상을 여럿 수상한 유제품 공장으로 유명한 곳이기 때문일 것이다. 트럭마다 "세계 제일의 체더치즈!"라는 문구를 달고 다니는데,

---

* 약 16만 2천 제곱미터 또는 약 4만 9천 평 크기—옮긴이

전 세계 체더치즈를 시식하지는 않았지만 그렇더라도 다른 치즈들을 못 미더워 할 이유는 전혀 없다. 캐벗은 미국 내에서도 인구 대비 낙농장 수가 가장 많기로 손꼽히는 고장이다. 주민 1,400명쯤이 사는 읍에, 낙농장이 얼추 열두 곳이나 있다. 이 중 규모가 가장 작은 곳은 젖소가 채 스무 마리도 되지 않으며, 가장 큰 곳이라 해도 70마리 남짓한 규모다. 읍내 어느 길이라도 걷다 보면 소 떼를 지나치게 되고, 좀 더 따라가면 또 다른 무리가 나타난다.

그날 페니와 내가 걸었던 땅은 그 열두 곳의 목장 중 정확히 두 곳 사이에 끼어 있는데, 한쪽 농장이 100에이커를 조금 넘고 다른 쪽 농장은 거의 300에이커에 달했다. 그 땅에 접근하려면 허술하게 지은 입구 하나를 통과해야 한다. 입구는 오래돼서 잿빛을 띤 삼나무를 기둥 삼아 주변에 철조망을 두르고 그마저 녹슬어 모양새가 볼품없었다. 입구를 지나면 언덕 꼭대기 풀밭을 가로지르고, 손 뻗으면 닿을 만한 거리에 서 있는 홀스타인 젖소 사이를 지나야 한다. 예전에 농부들은 이렇게 고지대에 있는 건초용 풀밭을 '하이모우잉' high mowing이라 불렀다. 주변 경관이 한눈에 들어오고 결코 범람하는 일이 없으며, 꼭대기에 올라서면 온 세상이 내 발밑으로 펼쳐진 듯한 기분에 휩싸인다. 그때는 알지 못했지만 우리가 지나친 소 떼와 저 멀리 보이던 소 떼는 각각 두 형제의 소유였다. 형제의 이름은 러스티와 멜빈이다. 한때 공동으로 목장을 운영했으나, 오래 전부터 양쪽 산등성이를 차지해 각자 운영하고 있으며 마침 계곡이 그 사이를 강처럼 갈라놓았다.

거의 20년이나 지난 10월의 그날 하면 떠오르는 기억이 또 하나 있다. 페니와 나는 산딸기 묘목이 촘촘한 밭을 헤쳐 나갔다. 늦가을 한기에 묘목은 구부러지고 누렇게 변해 있었다. 비가 내리기 시작했기 때문에 묘목도 우리도 젖었고 이제 기온은 점점 내려가 거의 눈발에 가까워졌다. 묘목 위로 하늘이 시커멓게 변하고 시야도 뿌예져서 사방이 칠흑같이 컴컴해졌다. 우리 오른편 산딸기 밭 가장자리에는 녹슨 철조망이 썩어 들어가는 기둥에 허술하게 매달려 있었다. 철조망은 지형을 따라 구불구불하게 이어졌다. 팽팽한 상태를 유지했더라도 이런 지형에서는 어쩔 수 없었을 것이다. 그러더니 이제 노쇠한 철조망은 난데없이 땅으로 푹 꺼지다가 다시 솟아오르길 거듭했다. 간혹 끊기거나 심지어는 긴 구간 내내 사라지기도 했다.

나는 페니의 얼굴을 돌아보았다. 내가 막 입을 열려는데, 페니의 얼굴에 온통 미소가 번지고 눈에서는 흥분의 광채가 번뜩였다. "맘에 들어." 나는 우리보다 열 걸음쯤 앞서 있는 부동산 중개업자에게 들리지 않도록 나지막이 속삭였다. 속마음을 드러내기에는 아직 일렀다. 주체 못하고 홀딱 빠진 모습을 보이다가는 제대로 호구 노릇을 할 수도 있었다. 나는 다시 한 번 속삭였다. "맘에 든다고!" 페니는 고개를 끄덕일 뿐이었지만 그 동작에 힘을 실었고 눈은 더욱더 크게 떴다. 나는 속으로 생각했다. '바로 여기야!' 그날 오후 우리는 매매를 제안했다.

그날 이후 세월이 흐르고 나서야 내가 이 땅의 진가를 너무도 몰라봤으며, 예전에는 미처 내다볼 수 없었을 만큼 내 삶에 크나큰 영향을 끼치고 있음을 깨닫는다. 어찌 알 도리가 있었을까? 그때는 아직 울타리도, 장차 그 안에 살 동물도 없던 시절이다. 집은 고사하고, 훗날 아이들이 태어날 때 내가 딛고 서서 그 아이들을 받아 낸 그 공간 마룻바닥도 깔지 못한 시절이다. 우리가 땅 주인이 된 다음 날 심은 사과나무에 아이들이 오르는 모습은 더더욱 상상할 수 없던 시절이다. 그 사과나무들을 심은 지 15년이 넘었고, 이제 아이들은 높은 나뭇가지로 춤추듯 기어오르면서 흔들어 설익은 열매를 딴다. "아빠, 맛 좀 보실래요?" 아이들은 살살 꼬드기면서 매끈한 공 모양의 과일을 내 손에 떨어뜨린다. 내가 한입 베어 물자마자 내뱉으면 아이들은 깔깔거리며 웃는다.

한 조각 땅이 정말 그만의 독특한 방식으로 사람을 빚어낼 수 있을까? 나는 그러리라 믿으면서도 내 믿음에 조심스러워지는 것은 어쩌면 땅이 우리에게 슬금슬금 다가와 자기의 몸을 우리에게 부비었던 꼭 그대로 우리도 슬금슬금 다가가 땅에게 우리의 몸을 부비었을 뿐이기 때문이다. 우리는 땅 위에 짓고 심었고, 또 땅을 파고 모양을 냈다. 나무를 베고 돌을 쌓고 들판을 개간해 고랑과 이랑을 내어 위에서 내려다보면 그것들은 벌어진 상처 같다. 우리는 선의와 친절한 자세로 땅을 대하려 노력하고, 주인보다는 동지의 관계로 처신하고자 했다. 그러다가도 문득 우리가 우리 행동을 제대로 판단하는 것은 쉽지 않은 일이라는 생각이 떠오른다. 그렇다면 실수가 있었더라도 너그러이 용서하기를 기대하는 마음이 된다.

어쩌면 이 땅이 나에게 미치는 힘은 모두 내가 그 위에 부리는 힘 이상의 것은 못 되는 것일지도 모른다. 심지어 힘이란 말이 적절치 않을 수도 있다. 힘이란 단어는 무력이나 정치적 영향력 같은 오만을 떠올리게 하는 탓이다. 결국, 이 땅을 택한 것은 페니와 나였다. 다시 말해 다른 곳 제쳐 두고 우리 삶을 여기서 펼치기로 결심한 것은 우리였다. 땅이 우리를 선택한 것은 아니었다. 그렇더라도 어쩌면 땅이 우리를 택하지는 않았을까? 진정 어떤 요인에 이끌려 우리가 결정을 내리는지 누구도 장담할 수 없기 때문이다. 언제나 이성과 논리에 따르는 것일까? 그럴 때가 있기는 하다. 우리는 선택의 순간에 결과를 어느 정도 내다보고 유익한지 아닌지 따지는 정도는 할 수 있다. 그러다가도 과연 우리 결정이 확연히 알 수 있는 결과나 논리의 영역에 걸쳐 있기는 한 것인지 의구심이 들기도 한다.

그렇더라도 우리가 이 땅을 선택하고 그 위에 구체적으로 펼쳐 나갈 일을 그려 볼 수도 없었다는 의미와는 다르다. 사실, 우리는 그런 그림을 그릴 수 있었고 최소한 어느 만큼은 애초에 우리가 구상한 미래를 이루려는 갈망에 이끌려 이 땅을 선택했다. 우리가 장차 꾸리게 될 가정을 꿈꾸면서 보잘것없는 수입일망정 근근이 모으며 몇 년 동안 극도로 검소하게 살면서 그린 미래였다. 월 100달러짜리 누추한 오두막에 세 들어 살던 시절에도 저녁이 되면 나누던 이야기였다. 어슴푸레 깜박이는 촛불 곁에 누워, 텃밭을 가꾸고 닭도 키우자, 전망이 좋은 곳으로 가자 이야기했다. 초여름 더운 햇볕 아래 벗은 몸을 뉘어도 좋을 만큼 보는 눈이 없어야 한다는 점도 빼놓지 않았다. "그리고 연못!" 페니는 잊고 있었다는 듯이 힘주어 말했다. "연못도 있어야 돼!" 나도 연못을 원했기에 그 말에 맞장구를 쳤다. 우리는 어떤 집을 지을지도 이야기했다. 작고 조촐한 집, 여름에는 시원하고 겨울에는 따뜻한 집을 짓자고 다짐했다. 따뜻이 맞아 주는 집. 듬직한 집. 그 누구도 아닌 우리의 집을. 어쩌면 우리는 참 순진했는지도 모른다. 그러나 그때 우리는 거의 무너져 가는 오두막에 살고 있었다. 우리에겐 그런 작은 꿈 하나 꿀 자격이 있었으니까. 우리는 충분히 그럴 만했다.

우리는 이런 내용을 하나도 빠짐없이 주고받았고, 우리가 구입할 땅에 대한 희망사항도 따라붙었다. 일구고 씨 뿌릴 터가 넉넉한 땅. 장작을 얻을 수 있고 야생 동물과 우리 자신도 보호해 줄 숲이 있는 땅. 평탄하지 않고 동그랗게 말렸던 것이 펼쳐지는 듯한 윤곽을 따라 곡선을 드러낸 땅, 그래서 우리 상상 너머 아주 오래 전 지질 현상이 고스란히 펼쳐지는 땅이기를. 우리는 아직 가정의 상(像)을 구체적으로 그리지는 않았지만, 당연히 아이들도 낳으리라 생각했다. 그렇더라도 당시로서는 아이들이란, 그 땅에 오래전 있었던 지질 현상과도 다르지 않을 만큼 심오하고 섣불리 장담할 수 없는 주제였다.

그렇다면 우리가 이 땅을 선택했을까, 아니면 이 땅이 우리를 선택한 걸까?

아직까지도 나는 어느 쪽이 맞는 것인지 모르겠다.

나무와 한 몸 되기

2월 어느 이른 아침, 나는 오랜 만에 일찍 일어난다. 떠오르는 해를 맞이하며 이마에 땀방울이 맺히도록 움직여 본 지도 제법 오래되었다는 자각에 몸이 깼다. 꺼졌던 불씨를 살리고 문밖을 나서 스키에 올라선다. 밖은 여전히 컴컴하고 기온은 거의 영하 17도까지 떨어졌지만, 한겨울 아침 기온이 으레 그렇기에 그다지 춥다는 생각은 들지 않는다. 스키를 지쳐 헛간을 지날 때 그 안에서 아직 웅크리고 있을 젖소들을 떠올린다. 녀석들이 반가운 마음에 혹은 그저 호기심에라도 덥수룩한 머리를 내 쪽으로 돌리지나 않을까 기대해 본다. 하지만 밖은 너무 어두워 눈길이라도 주는지 알 수 없다.

나는 높은 언덕에 자리한 멜빈네 땅까지 가서 눈 위에 팬 바퀴 자국을 따라간다. 전날 오후에 멜빈이 뉴홀랜드 트랙터를 몰고 땔나무를 모으러 다녀간 길에 그 커다랗고 우둘투둘한 바퀴가 깊은 흔적을 남겼다. 하늘이 푸르스름한 빛을 띠며 희미하게 밝아 오자 나는 차가운 눈을 힘껏 지치며 속도를 낸다. 늙어 속이 텅 빈 떡갈나무에 다다르자 저 아래로 멜빈의 헛간이 눈에 들어온다. 창밖으로 빛이 새어 나오고 거의 여섯 시가 다 되었으니 아침 일을 하는 모양이다. 아마 소에게 건초를 내주고 있겠거니 싶다. 그 모습을 상상하다 보니 지난 추수감사절 일이 떠오른다. 멜빈과 우리 가족은 우리 집 커다란 테이블에 둘러앉았다. 허리띠가 죄어드는 듯한 포만감에 젖어 의자에서 불편한 몸을 꼼지락거리고 있었다. 이미 한차례 큰 한파가 휩쓸고 간 터라 날씨 얘기가 나왔고 나는 이런 말을 했다. "이번 겨울은 좀 추우면 좋겠어요." 그러자 멜빈이 놓치지 않고 말을 받았다. "자네, 책상에서만 일하는 사람처럼 말하네." 멜빈이 나를 놀리듯이 말할 때처럼 씨익 웃어보였다. 그가 이렇게 웃을 때는 자기 말이 맞으며, 나 또한 그 말이 맞음을 피차 알고 있다는 뜻이다. 굳이 말하지 않아도 통하는 둘 만의 화법이다.

저 오랜 떡갈나무에도 사연이 하나 있다. 우리 아이들은 몸을 쥐어짜듯이 애쓰며 그 안에 들어가곤 했다. 상상에 흠뻑 취해 그 나무 안과 주변에서 몇 시간이고 놀았다. 예전에 아이들과 함께 진 크레이그헤드 조지Jean Craighead George의 『나의 산에서』*My Side of the Mountain*라는 책을 읽었는데, 주인공 소년은 속이 텅 빈 나무에서 겨울을 보낸다. 그 이야기가 어쩌면 아이들의 상상에 불을 지피지 않았을까 싶다. 하지만 책이 아니었더라도 아이들은 틀림없이 이 나무에 끌렸을 것이다.

불과 며칠 전에, 자기들은 이제 그 나무 안에 쏙 들어갈 수 없다는 이야기를 핀이 들려주었다. 아이들이 쑥쑥 크고 있으니 그럴 수밖에 없으려니 생각하면서도, 만약 그로 인해 아이들이 여전히 그 안에 들어가고 싶어 한다는 사실을 알지 못했다면 서글픈 기분이 들었을 것이다. 아이들이 몸을 끼워 넣어 보려 했다는 사실을 말이다. 문득 텅 빈 나무에 자기 몸을 끼워 넣어 보려 시도한다는 것은 실제로 들어가는 것만큼이나 중요할 수 있다는 생각이 들었다.

이제 그 나무도 얼마 남지 않았다. 이번 겨울이 아니더라도 다음 겨울이면 멜빈네 난로 속 땔감 신세가 될 것이다. 다음 겨울을 잘 넘기더라도 겨울은 계속 찾아오게 마련이다. 아무렴. 이제 우리 아이들도 더 이상 이 나무 안에 들어갈 수 없는데다가, 난로에게 자비란 없는 법이다.

집에 거의 돌아올 즈음에는, 내가 바라던 대로 땀이 맺혀 있다. 윗입술에 살짝 혀를 대 보니 짠맛이 난다. 다시 소들을 지나치는데 이번에는 녀석들이 내 쪽을 쳐다본다. 건초를 달라고 한다. 물도 달라는 눈치다. 나는 집에 들어가 스키 부츠를 벗고 작업용 장화로 갈아 신은 다음, 다시 밖으로 나선다.

3

삶터의 풍경

우리 땅 가장 높은 곳에 서면 서쪽이 굽어보인다. 발밑으로는 목초지가 가파른 물매를 타고 점점 멀어지는데, 마치 경사면을 구르는 카펫처럼 드넓은 풀밭이 펼쳐진다. 그렇게 수백 미터를 타고 내려가다가 숲의 경계를 두르는 나무들과 만난다. 왼쪽으로도 목초지가 약 400미터 가량 남쪽을 향해 이어진다. 오른쪽으로는 우리 집과 헛간, 자그만 딴채 두 동이 에워싸고 있다. 그 한 동은 조촐한 작업실이고 다른 한 동은 젖소 우리인데 비바람으로부터 보호하려고 삼면을 막았다. 또 우리 집 남향 벽에 직각으로 잇닿은 온실이 길쭉하게 삐져나와 있어 어떤 위치에서 보면 사람의 코를 연상시킨다.

온실에서 한 60미터쯤 아래로는 계단 형태의 아담한 과수원이 보이며, 그 아래로 사탕단풍나무 잡목림이 나온다. 어림잡아 스물다섯 그루 정도가 있는데 여기서 수액을 채취한다. 우리 땅의 남동쪽 경계를 이루는 덩치 큰 단풍나무 숲에서 나온 수액까지 합쳐 졸이면 우리 가족이 한 해 동안 먹을 수 있는 6갤런 정도의 단풍시럽이 나온다. 그리고 사탕단풍 숲 아래에는 몇 년 전 우리 이웃이 파 준 연못이 하나 있다. 세 군데에서 샘물이 솟아 연못에 물을 대어 주는데 8월에도 얼음장처럼 차갑다. 가장자리에 있는 바위에서 뛰어들려면 단단히 각오해야 한다. 한여름이 되어 아침부터 날이 덥고 찌뿌듯하다가 해 질 녘에 더욱 극성을 부리면 나는 하루에 네 번씩이나 연못에 몸을 담그기도 한다. 아침 먹기 전에 한 번, 점심 먹기 전에 한 번, 저녁 일과를 마치고 한 번, 해가 완전히 저물 즈음에 또 한 번. 마지막 입수로 몸을 식히면 불면의 열대야에 조금은 편하게 잠들 수 있다. 나는 연못 가장자리 풀밭에 옷을 훌러덩 벗어 던지고 내가 가장 좋아하는 바위에 올라선다. 그리고는 보잘것없는 용기를 그러모아 풍덩 몸을 던진다. 그렇지만 어려서부터 물놀이를 그다지 즐기지 않는 탓에 보통 몇 분을 넘기지 못하고 가장자리로 돌아온다. 그리고는 셔츠로 찬물의 한기를 빨아들이는 게 전부다.

연못 가장자리에는 뗏목 두 척이 떠 있다. 핀과 라이가 직경이 작은 전나무를 통째로 끌어와, 같은 길이로 톱질해 이어 붙이고 평평한 널로 갑판을 씌워 만들었다. 아이들은 뗏목을 장대로 밀어 연못을 종횡무진 누비며, 찰랑이는 물가 너머 상상의 바다를 항해한다. 뗏목을 보고 있자니 지난 1월 한 주 내내 『허클베리 핀의 모험』을 읽던 기억이 떠오른다. 우리 세 부자는 다 해진 소파를 난로 앞에 끌어

다 놓고 옹기종기 모여 앉아 허크와 짐이 벌이는 기발한 짓거리에 배꼽이 빠지도록 웃었다. 내가 어렸을 적 아버지와 함께 만든 뗏목도 기억난다. 그 시절 나는 우리가 살던 임대 주택 뒤 연못에 뗏목을 띄워 놓곤 했다. 다른 건 다 잊어버렸어도 탁한 연못과 작고 네모난 뗏목은 아직도 눈앞에 선하다.

시선을 돌리면 눈에 들어오는 게 더 있다. 우리가 16년 전에 심은 블루베리 나무가 아흔 그루 남짓 서 있다. 그때는 우리의 보금자리가 들어설 터를 닦기도 전이었다. 앞서 말했듯이 허름한 판잣집에 월세로 살던 시절이었기에 당시 형편으로 보면 가당찮은 일이었지만, 늘 그렇듯이 여기에는 페니의 선견지명이 담겨 있다. "5년 지나고 나면 이게 얼마나 잘한 일인지 알게 될 거야." 그때 페니는 이렇게 말했다. 내가 여기에 뭐라고 대답했는지 자세히 떠오르지는 않지만 퉁명스럽게 들렸을지도 모르겠다. "어련하겠어. 난 5년이 지나서, 지붕에 물만 새지 않으면 정말 좋겠다." 페니의 말이 맞았다. 닥친 일에 급급한 나와 달리 페니는 앞날을 내다보고 계획할 줄 안다. 페니는 블루베리 묘목을 심고 5년이 지나면 열매를 거둘 수 있다는 사실을 알았으며 중국의 격언에 담긴 지혜를 새겨 두고 있었다. "나무 심기에 가장 좋은 때는 20년 전이며, 두 번째로 좋은 때는 바로 지금이다."

블루베리를 떠올리면 옛 생각에 잠기게 된다. 해마다 8월 초순이 되면, 아이들 중 한 녀석은 블루베리 밭에 들어가 쪼르르 달려 나오며 반쯤 익다 만 열매를 한 줌 내밀었다. "블루베리가 아주 잘 익었어요. 이건 아빠 거예요." 나를 위하는 척 말은 하고 있지만 진짜 익은 열매는 이미 녀석의 배 속에 가득하다는 사실을 알기에, 나는 속으로 껄껄 웃곤 했다. 사실, 아이들이 열매를 탐하는 마음은 지금도 여전하다. 각각 열한 살과 여덟 살인데, 여전히 블루베리 밭을 드나들며 열매가 익었다며 외친다. 하지만 이제는 잘 익은 열매를 독식하지 않는다. 지난 몇 년 간 아량도 넓어지고 형평성에 대한 개념도 발달했다. 이제 아이들이 지저분한 손바닥에 담아 내미는 열매는 검푸르고 살이 포동포동 올라 있다. 지난 수확 철 이후 11개월 사이에 단맛도 한층 진해졌다. 마치 싱싱하고 잘 익은 블루베리란 이런 것이라 과시하는 것 같다.

블루베리 수풀에 닿기 바로 전에, 우리 땅에서 비교적 평평한 지대가 나오는데 여기에 커다란 텃밭이 하나 있다. 우리는 여기를 포함해 세 군데에 텃밭을 가꾼다. 모두 합치면 대략 3백여 평쯤 된다. 블루베리 수풀에 가까운 그 밭은 '결혼식 터'라고 부른다. 우리가 땅을 계약한 이듬해인 1998년 여름, 결혼식을 올리면서 그 터에 텐트를 세워 가족과 하객들을 위해 그늘을 드리웠다. 건초를 쌓아 두는 헛간 바로 위에는 '윗밭'이 있으며, 집의 북면에 바로 '아랫밭'이 붙어 있다. 밭과 밭 사이에는 점차 과실나무, 견과나무 등 먹거리가 열리는 나무를 늘려 심으면서 여백을 가꾼다. 우리는 영속 농법 permaculture의 취지에 따라 땅을 구획하고 이 틀에 어울리게 조경을 한다. 자연 생태계를 따르면서도 먹거리 자급을 실천할 수 있는 방법이라 믿어서다.

아이들은 각각 네 살 무렵부터 자기 몫의 밭을 가꾸기 시작했다. 각자의 이랑 끝에는 나무 팻말에 칠을 하고 말뚝으로 박아 두었다. 동생 라이가 아직 돌 무렵이어서 밭일을 할 수 없던 시절에, 핀은 처음으로 '핀의 텃밭'이라는 팻말을 세워 두었다. 두 번째 팻말에 '핀하고 라이 텃밭'이라는 문구를 적으면서 라이에게도 자기 몫이 생겼다. 이때는 아이들이 아직 소유격을 깨치기 전이었다. 어렸을 때는 우리 부부의 도움을 받아 작물을 심고 가꾸었지만, 이제는 저희들 스스로 알아서 한다. 자기들이 거두고 갈무리해 둔 종자를 심어 마늘과 감자를 몇 바구니씩이나 수확한다. 가족의 먹거리 조달에 힘을 보태고, 남은 양이 있으면 친구와 멘토에게 팔거나 구미가 당기는 물건과 맞바꾼다. 부싯돌, 화살, 나무를 움푹 팔 때 쓰는 갈고리 모양 칼을 그렇게 해서 얻었다.

우리는 아이들에게 작물 키우는 법을 억지로 가르치지 않았다. 그저 아이들이 걸음마를 떼기도 전부터 밭에 데려가고 무슨 일이든지 끼워 주었을 뿐이다. 그 시절 윗밭 한 귀퉁이에 놀이터 삼으라고 모래를 모아 두었다. 페니와 내가 김을 매고 있으면 아이들은 거기에 굴을 파고 놀았다. 그러다 핀이 두 살쯤 되자 감자를 심는다고 밭으로 들어왔다. "잘 자거라, 감자들아." 핀은 씨눈을 따라 조각낸 씨 감자에 부드러운 흙을 덮으며 인사말을 건넸다. 여섯 달 지나 우리는 둥글고 알이 꽉 찬 감자를 수확해 겨울 먹거리로 저장했다. 우리는 아이들이 텃밭에 자유로이 드나들도록 했다. 비록 아무 주저 없었다고는 해도, 쉽지 않은 일이기도 했다. 특히 페니에게는 더욱 그렇다. 페니는 텃밭에 꽤 공을 들인 만큼 자부심도 남달랐다. 품종별로 구분하려고 말뚝을 박아 두면 아이들이 뽑아 엉뚱한 자리에 박았다. 아이들이 새순이 돋은 이랑을 아무렇지 않게 밟고 다니는 모습을 지켜보는 것은 인내심을 시험하는 일이었다. 이따금씩 마음을 다스리기 힘든 순간도 겪었다. 그러나 아이들이 텃밭과 친해지게 하고픈 바람이 훨씬 컸고 우리는 꾹 참고 아이들이 지나간 자리에 작물을 고쳐 심었다.

내가 서 있는 고지대에서 내려다보면 철따라 우리가 키우는 가축의 모습도 다채롭다. 젖소 예닐곱 마리가 목초지에서 풀을 뜯기도 하고, 돼지 한 쌍이 펑퍼짐한 뱃살을 드러내고 축 늘어져 일광욕을 한다. 육계용으로 키우는 닭 50여 마리가 모이를 쪼고 꽥꽥거리다가 닭 특유의 목을 쭉 내밀며 정신없이 걷는 모습도 눈에 들어온다. 마치 한 걸음 한 걸음이 거의 넘어질 뻔하다가 몸을 일으켜 세우기라도 한 듯한 모양새로. 때때로 우리 개 데이지가 무언가를 노려 엉큼하게 잠복한 모습이 보이기도 한다. 쿤하운드라는 수렵견 종인 녀석이 긴 시간 평온하게 잠자는 모습을 본다면 불면증 환자는 질투가 폭발할 수도 있다. 그러나 잠이 깨고 나면 언제 그랬냐는 듯 조증에 가까울 정도로 나댄다. 그리고 20미터 높이 철탑에 얹힌 풍력 발전기가 한눈에 들어온다. 마음만 먹으면 올라가 닿을 수도 있다. 가까이에서 올려다보면 날개가 돌면서 바람을 휘젓는 소리가 경쾌하다. 그리고 그보다 약간 손 닿기 어려운 곳의 태양광 패널도 시야에 들어온다.

어디를 둘러보더라도 가족과 친구들의 도움이 배어 있다. 친구 집과 풍력 발전기를 세우던 도중, 핑 하는 소리와 함께 당김줄이 끊어졌다. 그 바람에 우리는 쉿쉿 무서운 소리를 내며 쓰러지는 철탑을 피해 비명을 지르며 흩어졌다.

처남 부부가 우리를 도와 온실의 비닐을 씌우던 기억도 생생하다. 그날따라 바람이 심해서 비닐은 물론 붙잡고 있던 우리마저 날려가 나뭇가지에 내걸릴 처지였는데 해 질 녘이 돼서야 가까스로 덮어 씌웠다. 페니와 내가 집 뼈대 공사에 매달려 있을 때 어머니는 사과나무를 심었다. 멜빈은 커다란 트랙터를 몰고 숲과 들에서 평석을 모아 옹벽 쌓는 일을 도와주었다. 꼬박 오후 한나절이나 걸렸는데도 멜빈은 한사코 답례를 사양했다. 친구 밥은 거의 일 년 내내 주말마다 와서 힘을 보탰다. 밥의 도움이 없었다면 이 집을 지을 수 있었을까? 아마 지었다 하더라도 집 짓는 과정이 그만큼 재미있지는 않았을 것이다.

우리 집은 전형적인 농가의 모양새를 하고 있다. 지붕 경사가 좀 가파른 편이며, 지붕에 인 양철판은 여기저기 녹이 슬었다. 처음 얹을 때의 기억이 아직도 생생한데 아무래도 교체해야 할 날이 멀지 않은 것 같다. 그 아래로는 투박한 널판지 벽을 대고 짙푸른 색으로 페인트를 칠한 격자무늬 창을 내었다. 널판지에는 페인트를 칠하지 않았더니 풍화에 고스란히 노출돼 칙칙한 잿빛을 띠는 게 실제 세월보다 더 오래돼 보인다. 이곳에 보금자리를 튼 지 15년이 훌쩍 지났지만 곳곳에 마무리 짓지 못한 흔적이 남아 있다. 어느 곳에는 바닥과 벽면을 잇는 굽도리를 대지 않았는가 하면 페인트를 칠하지 않고 내버려 둔 곳도 있다. 이러다가 어느 구석은 다 마무리하지 못한 채 세상을 뜰지도 모르겠다. 이렇듯 깔끔하지 못한 일처리나 그에 대한 나의 태도에서 우리 집의 특색은 더욱 도드라진다. 우리 집은 물론 우리의 불완전한 면모가 여기서 고스란히 드러난다. 그래서 나는 그런 미완의 상태를 결함으로보다는 그저 우리의 성격으로 여긴다. 페니 또한 이 점을 너그러이 받아들여 마음을 같이하니 참으로 다행이다.

그런가 하면 가려서 보이지 않는 것들도 있다. 깊숙이 가려진 곳에 우리 가족이 관리하는 조림지가 있는데, 여기서 대여섯 차 분량의 장작을 얻어 겨울철을 따뜻하게 난다. 수종은 물푸레나무, 너도밤나무, 자작나무가 대부분이다. 우리는 그중에 죽었거나 솎아야 할 나무를 골라 흙 속에 박힌 뿌리까지 잘라 낸다. 자른 나무는 트랙터로 끌고 와 모아 두고 특별히 비워 둔 일요일 아침 땔감으로 쪼개 층층이 쌓아 올린다. 어떤 가족은 일요일이면 교회에 가지만 우리는 장작을 팬다. 아이들이 제법 능숙하게 장작 패는 모습을 보면 나는 아이들에게 스며든 땅의 기운을 확인한다. 아이들은 예전 같으면 작은 나뭇조각이나 주워 던지는 정도였다. 이제는 비교적 잘 갈라지는 물푸레나무나 자작나무에 도끼를 내리꽂아 쪼갤 정도로 자라 집안 난방에 힘을 보태니, 나무꾼이라 불러도 손색이 없다. 아이들은 또 우리 집 낡은 픽업트럭을 몰 줄도 안다. 허리를 꼿꼿하게 세우고 턱을 치켜들어 운전대 너머를 주시하며, 짐의 무게로 털썩 주저앉은 차를 목장 길 따라 조심스럽게 몬다.

내가 서 있는 자리 뒤로도 시선이 닿지 않는 곳이 있다. 그곳에는 멜빈이 건초용 풀을 키우는 목초지가 죽 이어지다가 동쪽의 지평선 너머로 사라진다. 참으로 멋진 들판이다. 봄이 오면 멜빈이 뿌린 두엄 내가 목초지에 가득 퍼진다. 두엄을 뿌리면 건초 작물이 얼마나 쑥쑥 크는지 알 리 없는 사람에게는 그저 역한 냄새에 불과할 수도 있다. 여름이면 풀이 짙게 우거져 무성하다가 그가 건초를 만드는 시기에는 베어져 밑동만 남아 푸른빛이 덜하다. 가을에는 두 번째로 풀을 베어 내고 멜빈이 젖소를 풀어 남은 풀을 뜯어 먹게 한다. 그러면 소들은 육중한 걸음으로 점점이 흩어져 풀에 머리를 파묻거나 경계를 이룬 단풍나무 그늘에서 빈둥거린다. 해마다 가을이 되면 아침 일을 하러 나갔다가 두 목장의 경계 너머로 젖을 짜기 위해 헛간으로 소를 몰아가는 멜빈을 만나기도 한다. 안개 자욱한 동틀 녘, 그의 모습은 그 어떤 형체보다 애매모호하다. 그러나 그의 큼직한 걸음새만큼은 못 알아볼 리 없다. "잘 주무셨어요, 멜빈." 나는 최대한 나지

홈 그로운―아이들은 스스로 배운다

막이 인사를 건넨다. 그래야 좋을 시간인 것이다. 내가 드러나지 않게 공경의 마음을 담아 인사를 건네면, 멜빈도 안개 속에 파묻히며 답례를 보낸다. "자네도 안녕하신가?"

겨울에 멜빈네 들판이 눈으로 덮이면 우리는 거의 매일 스키를 탄다. 옷깃에 얼굴을 깊이 파묻고 뺨을 가려 몰아치는 바람을 막으며 들판을 누빈다. 들판 한가운데에는 언덕이 완만하게 솟아 있다. 보는 위치에 따라 그 꼭대기에 오른 사람의 배경으로는 하늘뿐이다. 그가 만약 뒤로 물러난다면 이 세상 가장자리에서 떨어지는 것 같은 착각을 불러일으킬 수도 있다.

여기서는 우리 집 진입로도 잘 보이지 않는다. 진입로는 큰길로부터 멜빈네 들판과 평행하게 400미터가량 이어진다. 폭이 좁고 소나무와 전나무가 길섶에 줄지어 서 있으며 스위스 산 치즈처럼 구멍투성이다. 자갈로 구멍을 메꾸면 어김없이 이듬해에는 더 많은 구멍이 생기니 마치 두더지잡기 놀이 같다. 진입로 양 끝은 급하게 짧은 비탈이 져서 눈을 치우다 보면 종종 제설트럭을 빠뜨리곤 한다. 사슬을 채우고 트랙터로 끌어야 하는지라 즐길 만한 일은 되지 못한다. 그럴 때마다 촌스럽고 원시적인 수단을 동원하는데 이제는 도가 텄을 정도다. "어느 쪽으로 틀라고?", "전진? 후진?", "밟아? 공회전?" 아이들도 나를 따라 눈 치우는 작업을 좋아한다. 차가 어디에 걸리기라도 하면 왔던 길을 달려가 찬 공기에 대고 외치며 내가 처한 상황을 알린다. "엄마! 아빠가 트럭을 몰다가 빠졌어요!" 아이들은 임무를 마치자마자 곧장 돌아와 나의 괴상한 묘기를 지켜보며 청하지도 않은 훈수를 둔다.

내 시선이 닿지 않는 곳 어딘가에는 오래전 사탕단풍 수액을 졸이던 제당소의 터가 남아 있다. 백년 남짓한 세월의 흔적을 간직한 채 침엽수림에 누워 있으며 그 위로 송전선이 우리 땅을 가로지른다. 나는 이 터가 좋다. 마치 우리 땅을 두른 울타리가 스러져 가는 모습처럼 내가 이 땅에 하는 일은 전혀 새로운 것이 아니라고 일러주기에 마음이 한결 편해진다. 내가 하는 일에 평범을 벗어난 구석이라고는 없다.

이따금씩 이 땅이 우리 아이들에게 아로새긴 자취에 대해 호기심이 발동한다. 우리 아이들은 이곳 자연에 흠뻑 빠져들었다. 다른 장소라면 그렇게 할 수 없을 정도로 빠져들어 어찌 보면 아이들 양육의 일부는 자연의 몫이었다고 할 수도 있다. 아이들의 장래를 좌우할 정도의 환경 요인이라 할 만하다. 신경세포, 신경세포들의 접점인 시냅스처럼 터에 영향받지 않는 아이들 고유의 천성은 얼마나 될까? 영혼, 사고와 감정, 심지어 육신조차 땅과 하나 된 부분이 있다면 어디까지일까? 내 삶에는 이미 그 일체감이 강하게 드러나고 있다. 아이들이 다른 곳에 산다면 미묘하게 또는 도드라지게 이곳과 차이가 있을까? 라이는 일곱 살 때 이미 일에 몰두하느라 가죽으로 만든 작업용 장갑이 닳아 구멍이 날 정도였다. 그런 라이가 다른 곳에서 산다 해도 여전히 차분한 아이일까? 핀은 호기심을 좇아 변함

없이 사냥에 마음을 쏟을까? 한번은 들쥐를 가장 먹기 좋게 굽는 법이라며 핀이 직접 학습한 것을 일러주었다. "거죽을 불에 그슬려 벗기면 돼요. 그러면 고기가 바삭하게 익어요."라고.

우리 사는 곳을 농장이라 불러도 좋고 그저 시골집이라 해도 상관없다. 어쩌면 두 단어를 적절히 섞어 뭐라 불러도 상관없다. 바로 이거다 딱 부러지게 말할 수 있는 단어는 없지만 아무래도 좋다. 사람들이 가끔씩 우리 땅에 대해 잘 좀 알려 달라 해도 나는 무어라 말해야 할지 망설이곤 한다. 바로 이것이다 콕 집어 말하기 쉽지 않은 탓이다. 우리가 땅에서 얻는 소득은 많지 않다. 기껏해야 일 년에 몇 천 달러 정도가 전부다. 그러나 먹거리 장만에 들어가는 돈도 많지 않다는 점을 감안하면 오히려 땅에서, 그리고 거기에 흘린 땀의 대가로 소득을 얻는 셈이다. 당연하게도 이 땅은 우리 삶 거의 모든 구석에 영향을 끼치고 있다. 페니와 나의 하루 일과에서부터 핀과 라이가 배우는 방법과 내용에 이르기까지 매일 매시간 이 땅의 영향이 짙게 배어 있다.

우리 땅을 에워싼 주변 지역에 대한 이야기 역시 빼놓을 수 없다. 이 주변 지역 또한 우리 삶에 끼치는 영향이 적지 않은 까닭이다. 개인 땅에 대한 출입 제한이 없다시피 해서 우리는 운이 아주 좋은 편이다. 그래서 미리 양해를 구할 것도 없이 이웃의 땅을 자유롭게 돌아다니며 식용 버섯을 따거나 송어가 넘쳐나는 개울에 낚싯줄을 드리우고 겨울이 오면 스키를 원 없이 지칠 수 있다. 이런 자유를 누리기 어려워지는 세상에서 우리 아이들은 무려 500에이커가 넘는 숲과 들판을 누비고 다닐 수 있다. 참으로 행운이다. 이 모든 경관이 말 그대로 우리 집 문 밖에 펼쳐져 있다. 최근 몇 년 사이에 아이들의 활동 반경이 꾸준히 넓어지고 거기에 맞게 책임도 질 줄 알게 되었다. 이제 아이들은 한번 나가면 몇 킬로미터쯤 예사롭게 돌아다닌다.

이런 생각이 든다. 어느 터를 '우리 것'이라고 해도 된다면 이곳은 우리의 삶터이다. 하지만 가끔씩 우리의 소유권이 실은 속임수에 불과하다는 생각이 들 때가 있다. 소유권이란 게 따져 보면 애초에 누군가 이 땅의 원주민을 몰아내고 차지한 것에 불과하기 때문이다. 우리도 머지않아 이 땅을 뜨게 될 것이다. 나는 내가 죽은 뒤에 펼쳐질 세계에 대해 무슨 철석같은 믿음을 갖고 있지도 않으므로 우리 다음에 누가 이 땅을 '소유'하게 될지 아무도 모르는 일이라 생각한다. 핀과 라이일 수도 있겠으나 아이들이 이 땅에 무슨 일을 하게 될지는 전적으로 그들의 몫이다. 그러니 우리가 아이들에게 영향을 끼치려 해도 다 부질없는 일이다.

그런 와중에도 우리 땅은 부단히 변하고 있다. 한편으로는 우리가 인위적으로 개입한 결과이기도 하다. 지난 4년 동안, 우리는 연못을 한 곳 파고 세 군데 작은 과수원을 가꾸었다. 2에이커에 달하는 숲 일부는 목초지로 개간했으며 주변에 딴채 두 채를 지었다. 반면에 피할 도리 없이 찾아오는 자연의 변화 과정에도 원인이 있다. 모든 땅이 그러하듯 이 땅도 끊임없이 변화를 겪는다. 우리가 초래한 변

홈 그로운―아이들은 스스로 배운다

화도 있지만 자연의 주기적인 순환도 그런 변화에 한몫한다. 대개는 계절 속성에 따라 예측 가능하다 해도 이제는 해가 갈수록 점점 그 변화를 점치기 힘들어지고 있다.

어느 해 여름 불어 닥친 폭풍우처럼 큰 사건이 벌어져 생긴 변화도 있게 마련이다. 우리 땅과 멜빈네를 가르는 울타리에 오래된 느릅나무가 있었으나 폭풍으로 쓰러지고 말았다. "그동안 느릅나무에 정이 많이 들었는데 안타깝네요." 폭풍이 지나간 후 나는 아쉬운 마음을 멜빈에게 전했다. 그때 우리는 착유실 문 바로 바깥, 우리가 늘 자리 잡곤 하는 멜빈의 헛간 앞마당에 서 있었다. 둘 다 마당의 다른 편 끝에 연한 마을길을 바라보았다. 멜빈은 나보다 거의 얼굴 하나만큼 작은 키에 늘 닳아 해진 야구 모자를 쓰고 다닌다. 나는 그를 오랜 시간 알고 지냈으면서도 그의 머리가 거의 벗겨진 사실도 모르고 있었다. "그러게 말일세." 멜빈도 나를 보며 안타까워했다. "그러게 말이야." 느릅나무는 땔감으로는 썩 마땅치 않다. 수분이 많고 잘 썩으며 잘 쪼개지지도 않는다. 그래도 나는 나무를 난로에 맞게 잘라 반은 멜빈에게 주고 나머지는 우리 집으로 가져왔다. 나무는 내키지 않는다는 듯 수분을 뱉어 내며 틱틱거렸다. 그래도 결국 불을 피웠다.

그런가 하면 눈에 확 띄지 않고 거의 분간하기 힘들 정도로 서서히 진행되는 변화도 있다. 수십 년까지는 아니더라도 몇 년은 흘러야 그 변화를 알아챌 수 있다. 우리 땅에 버려진 채로 있는 제당소는 천천히 부스러져 간다. 녹슬어 가는 아치 모양의 문을 남긴 채 서서히 땅으로 돌아간다. 주변에는 투박한 주춧돌이 하나 남아 있고 솟아오른 나무들이 터를 덮는다. 세월과 중력의 힘 앞에 사람도 점점 자세가 구부러지듯 작은 언덕마저 물과 바람에 침식되며 해마다 몇 밀리미터씩 깎여 나간다. 때로 내가 이 세상을 뜬 오랜 후 우리 땅의 모습을, 내가 남긴 흔적에 찾아올 변화의 모습을 알 수 있다면 얼마나 좋을까 하고 바라기도 한다. 그래 봤자 다 부질없음을 알기에 나는 이내 마음을 접는다.

　나는 이제 마흔둘이 되었다. 이 나이가 되면 내가 실은 아는 게 얼마나 없는지 깨닫게 된다. 가끔씩 날이 바뀔 때마다 내 앎도 점점 줄어드는 것만 같다. 그래도 적어도 하나만큼은 확실히 알 수 있다. 이 터와 나는 서로를 빚어 내고 있다는 사실이다. 내가 어디를 가더라도 그 증거를 찾아볼 수 있을 정도로 반박의 여지가 없다. 서로가 상대를 흡수하며 일체가 되었다. 서로 받아들이고 내주면서 나라는 인간의 틀을 형성했지만 나는 그런 섭리를 온전히 헤아릴 수 없다. 이 터나 내가 누리는 자유는 점점 진귀해져 가고 있는 특별한 종류의 자유라 할 만하다. 이동transience을 하게 되면 터place라는 생각 자체가 속절없이 사라질 수 있는 것이다. 이동성에게도 당연히 나름의 자유, 운동과 변화의 자유가 있을 터이지만, 이 자유는 너무나 자주 가슴 저미도록 아프게 찾아오는 강제력force이 내리는 명령을 좇아야 하는 자유다. 돈을 버는 일을 찾아야 하거나 여타의 삶의 사정들이 끼어들 때가 그렇다.

우리가 어디서 어떻게 살지에 대한 결정, 그리고 우리 식으로 교육하기로 한 결정이 아이들의 타고난 성향을 그저 두드러지게 한 정도에 그쳤을까? 아니면 아이들을 거의 결정지을 만큼의 중대한 영향을 끼쳤을까? 절대적으로 무엇이 옳은지는 알 수 없으리라. 물론 다른 어떤 환경에서 자란 아이에게도 이런 물음을 던질 수 있다. 그렇다 하더라도 이 터가 나를 형성해 왔듯이 꼭 그렇게 우리 아이들을 빚어 내고 있음은 분명하다. 핀과 라이는 이 땅의 견인력을 느끼고 있으며 이 사실은 그들의 존재만큼이나 명백하다.

물론, 언젠가는 그 견인력이 쇠하거나 다른 터가 더 강한 기운으로 아이들을 끌어당길지도 모른다. 그래도 좋다. 그게 자연의 이치이니까. 그렇더라도 이 땅의 작용은 쉽사리 닳지 않을 것이다. 우리 아이들이 다른 것은 다 잊어버린다 해도 자신들이 어디서 왔는지는 잊지 않을 것이다. 그것만은 확실하다.

우리 자신을 위한 선택

우리 아이들은 자기들 마음 가는 대로 할 수 있는 자유를 누린다. 우리 부부가 계획한 일이다. 다른 사람 같으면 직장 경력이나 노후 준비에 치밀한 계획을 세우는데 우리는 삶에 자유가 들어오도록 공을 들였다. 거의 매일 아침 자기 몫의 일과 식사를 마치면 아이들은 숲으로 들판으로 이런 저런 모험을 찾아 집을 나선다. 보통은 둘이 뭉쳐 다니지만 이따금씩 하나가 다른 녀석보다 먼저 들어와서는 아주 불공평하다고 툴툴거리는 일도 있기는 하다. 라이가 젖은 나무를 넣는 바람에 핀이 애써 피운 불을 꺼뜨렸거나 핀이 라이에게 무거운 등짐을 지게 하는 경우다. 말했듯이 아주 불공평한 일이다. 하지만 허기가 지거나 자기들을 이끌었던 동기가 어떤 이유로 갑자기 사그라져 일찍 돌아올 때를 제외하면 아이들은 그렇게 사라져 몇 시간이고 돌아오지 않는다.

"어디에 갔었니?" 내가 물어보면 길고도 별 도리 없이 상세한 이야기가 이어진다. 아이들은 스노모빌 자국을 따라 내려가 셸리 씨네 냇가에서 낚시를 했으나, 고기가 입질을 하지 않더란다. 그래서 냇가를 거슬러 올라가 애커먼 씨네 목장에 들어갔다가 목초지와 키스 씨네 사탕단풍 숲을 지나 되돌아왔다고 한다. "오는 길에 무스(말코손바닥사슴)가 지나간 흔적을 찾았어요." 핀이 한마디 보탠다. "맞아요. 똥을 보니까 금방 싼 것 같았어요. 아마도 어젯밤? 이것도 한번 보세요." 이번에는 라이가 끼어들며 자기 주머니에 지저분한 손을 넣는다. 순간, 나는 얘가 무엇을 꺼낼지 겁이 나 주춤한다. 무스 똥? 아니면 죽은 동물의 시체라도? 손에 집어 든 달래 한 줌을 보자 나는 마음이 놓인다. 알뿌리를 투명해질 정도로 얇게 썰어 버터에 볶아 먹으면 되겠다.

양육이라는 관점에서 보면 이 아이들이 누리는 엄청난 자유에는 우려스러운 점도 있다. 아이들은 이제 자기 시간을 어떻게 보낼지 나름대로 판단하기 시작했다. 요컨대 내키지 않는 일에는 고분고분 따르지 않는 경우도 벌어진다. 아이들이 시간의 흐름에 대하여 온전히 감당하지 못하는 것도 한 가지 이유가 될 수 있다. 아이에게는 지금 벌어지고 있는 일이 전부인 것이다. 그래서 이 시간이 금방 지나가고 다른 일이 생길 거라는 사실을 좀처럼 알아채지 못한다. 싫은 일도 한순간이며 싫은 기분도 금세 사라질 거라는 사실을 아이는 아직 받아들이지 못한다. 싫은 감정도 마음먹기 나름이라는 사실은 더욱 알 리 없다.

페니와 나도 이 문제를 두고 많이 이야기한다. "우리가 애들을 너무 풀어놓는 건 아니야?" 한번은 내가 주방에 서서 물어보았다. 어느 한 녀석과 한바탕하고 난 다음이다. 아이들이 자기들 딴에는 수고를 들일 필요 없다고 생각하는 일을 두고 이런 일이 종종 벌어진다. "글쎄." 돌아오는 페니의 대답이다. 이 말은 무반응이라기보다는 정말 몰라서 하는 말이다. 모르기는 나도 마찬가지다.

우리의 기분, 그리고 아이들이 우리의 화를 돋우고야 마는 정도에 따라, 그들이 누려야 할 권리를 보는 우리의 시각은 극히 다양한 결과를 낳게 된다. 최악의 경우 우리가 아이들의 기대를 전혀 맞추지 못해 이렇다 할 결과를 내지 못하는 일이 일어난다. 아이들은 당장 마음이 동하는 것이 아니면 행할 마음이 안 생기는 것이다. 최상의 경우는 우리가 아이들에게 시간을 사용하는 일에 각별할 줄 알도록 가르치고 시간이란 제한된 것임을 깨치게 하는 것이다. 그런 깨달음으로 세상 사는 힘을 얻게 될 것임을, 그런 분별의 힘을 발휘하기가 녹록치 않은 세상을 사는 힘을 얻게 될 것임을 깨치게 하는 것이다.

진실은 아마도 그 중간 어디쯤에 있으리라 생각한다. 내 경험에 비추어 보면 진실이 숨어 있는 곳은 늘 가운데 지점이었다. 당연히 아이들은 인생이 늘 기대한 대로 돌아가지 않는다는 사실을 받아들이는 법을 배워야 한다. 아이들도 늘 즐거운 일만 할 수는 없다는 사실을 배운다면 그것은 아이들에게 크게 이로울 것이다. 내키지 않는 일도 다 마음먹기 따라서 달라질 수 있음을 배워야 한다.

나는 내게 주어진 시간에 대한 깨달음을 얻었기에 지금 같은 삶을 일구었다고 생각한다. 그리고 그 방향은 대체로 좋은 쪽이었다. 나는 학교를 좋아하지 않았다. 그래서 학교에서 나왔다. 남을 위해 일하는 것도 내키지 않았고 그러지 않는 길을 택했다. 실내에 갇혀 시간 보내는 일도 좋아하지 않았기에 그와 다른 삶을 산다. 진실은 바로 여기에 있다. 나는 내가 원하는 삶을 살고 싶은 것이다. 관습이나 인습은 던져 버리자. 내 아이들도 그렇게 자유롭게 살 수 있음을 깨닫기 바랄 뿐이다.

4

나의 젊은 시절

　내가 열여섯 살이 되기 직전에 어머니가 몰던 차를 샀다. 그때가 1987년 11월이다. 10년 된 폭스바겐 래빗인데 갓난아기의 더러워진 기저귀와 똑같은 황갈색 차량이었다. 4단 전진 기어에 차창은 손으로 돌려서 내렸다. 라디오와 연결된 스피커에서는 연신 치직거리는 소리가 났다. 차 값으로 어머니에게 200달러를 드렸다. 부모님은 그렇게 하면 내 돈이 들어갔기 때문에 제대로 관리하리라 믿었다. 10대 아이들이 거저 얻은 물건을 고마운 마음도 없이 아무렇게나 다루는 모양새가 탐탁지 않았기 때문이리라.

　그 당시 이 작은 래빗은 잘 노는 10대들 사이에 인기가 많은 차종이었다. 이 차는 무게감을 거의 느끼지 못할 정도로 가벼웠다. 게다가 버몬트의 겨울을 몇 차례 겪고 나면 얇은 차체는 군데군데 녹으로 떨어져 나가 더욱 가벼워 보였다. 내 차를 포함해서 일부 차량은

홈 그로운─아이들은 스스로 배운다

1.6리터 연료 분사식 엔진을 달아 경주용 차량처럼 7천 RPM의 회전 속도를 냈다. 결정적으로 래빗의 비상브레이크를 조작하면 앞바퀴보다 뒷바퀴가 빨리 돌아 고속으로 180도 돌며 미끄러질 수도 있었다. 그 시절 좀 노는 아이라면 이런 묘기를 부렸다.

나는 무모하게 차를 몰고 다녔다. 법과 안전에 대한 의식도 무뎠다. 10대 특유의 자신감과 거만이 하늘을 찌르는 시기임을 감안하면 그리 놀랍지 않을 수도 있다. 어린 시절 살던 집 주변으로 격자 모양으로 뻗은 비포장도로를 즐겨 다녔다. 친구들과 나는 낡은 대형 스테레오 오디오를 장만해 스피커에서 터져 나오는 성난 음악에 따라 괴성을 질러 댔다. 메탈리카, 수어사이덜 텐던시, 배드 브레인즈, 슬레이어 등의 음악을 즐겨 들었다. 그 당시 나는 배드 브레인즈의 '단속반'이라는 곡을 가장 좋아했다. 인권human rights을 뜻하는 밴드의 리드 싱어 H. R은 자기의 존재를 단속하고 억누르는 전제 권력에 대고 욕을 퍼부었다. 나는 그 곡을 틀고 또 틀며 강한 비트에 맞춰 머리를 격하게 흔들었다.

어머니의 차를 사고 나서 한 달 후, 면허증의 잉크가 채 마르기도 전에 나는 다니던 고등학교를 자퇴했다.

내가 학교를 싫어했냐고? 그랬던 듯하다. 하지만 뭉뚱그려 말할 때만 그렇다. 학교에는 내가 아주 좋아한 구석도 없지 않았다. 예를 들면 친구들과 주차장에서 즐겨 논 일이 그렇다. 적어도 그 당시 내게는 그렇게 노는 게 아주 재미있었다. 문예창작 수업은 내가 땡땡이 친 일이 없는 몇 안 되는 수업 중 하나였다. 물리 수업도 좋아했지만 물리가 좋아서는 아니었다. 대수학, 미적분, 역사, 불어처럼 물리도 낙제 과목 중 하나였다. 그보다는 물리 선생님이 좀 별난 사람이었기 때문이다. 선생님은 고약한 냄새를 풍겼는데, 마치 훈장이라도 되는 양 푹푹 찌든 땀 냄새를 과시하고 다녔다. 그 악취와 낙제는 면하려 애썼던 애초에 무망했던 시도에도 불구하고 대신 그의 수업을 들으면 뭔가 좋은 게 있었다. 한번은 선생님이 나와 친구 장고를 부추겨 낡은 드럼통을 핵폐기물 상징으로 도색해 교내에서 눈에 잘 띄는 곳에 두라고 시켰다. 도대체 이 짓이 물리하고 무슨 상관이 있는지는 결코 알 수 없었다.

"왜요?" 우리는 궁금해서 물어보았다.

선생님은 팔자 눈썹을 뒤집힌 V 자 모양으로 치켜뜨며 말했다. "무슨 일이 일어나는지 보려고." 그게 대답이었다.

우리는 드럼통을 운동장 가장자리 살짝 패인 자리에 내려놓았다. 그날 밤 나는 배드 브레인즈의 노래를 들으며 밤잠을 설쳤다. 가짜 유독성 폐기물을 버린 대가로 법적 책임을 지는 건 아닌지 마음을 졸였다. 열여섯 살 학생 두 명이 낡은 드럼통에 스프레이를 뿌리고 짓궂은 장난을 저지른 대가로 법은 어떤 복수를 가할까? 새벽 두 시 반. 외롭고 컴컴한 방에서 나는 청소년 수용시설에 갇혀 오랜 시간 고독하게 지내는 내 모습을 상상했다. 먼 미래 어느 시점이 되면 학대로 얼룩졌던 추악한 면모를 드러내는 그런 시설 말이다.

다음 날 아침 가 보니 드럼통은 사라지고 없었다. 장고와 나는 초조한 마음으로 드럼통을 찾았다는 소식을 기다렸으나 아무 이야기도 들리지 않았다. 지금도 이유를 알 수 없지만 물리 선생님은 이 사실에 꽤나 기뻐했다.

이런 야바위 같은 사건들이나 문예창작 수업에서 끌어내는 즐거움에도 불구하고 내가 고등학교를 그만둔 이유는 지루함이었다. 그와 더불어 내 시간이 낭비되고 있다는 느낌, 내 삶이 내 손아귀에서 빠져나가고 있다는 느낌도 지울 수 없었다. 수업 시간마다 의자에 몸을 푹 파묻고 앉아 있으면 나를 잡아둔 사람들을 향해 가만히 속이 끓어올랐다. 무엇보다도 내가 포로로 잡혀 있어도 아무도 문제를 제기하지 않는 상황에 화가 치밀었다. 내가 배우는 내용이 도대체 삶과 무슨 관련이 있단 말인가? 이런 내용이 학교 밖에서의 내 삶을 어떻게 이끌고 개선시킬 수 있단 말인가? 마치 내 모든 경험이 진공 상태에서 펼쳐지는 느낌이었다. 그러다가 학교를 졸업하고 나면 진공을 유지한 봉인이 터져 무기력하게 진짜 세상으로 빨려 들어갈 것만 같았다. 그렇다고 내가 세상으로 나갈 채비를 하는 일에 학교가 해 준 것은 거의 없었다. 당시에도 그렇게 인정했을지는 모르겠지만 아마도 이런 기분에 겁이 났던 모양이다.

나는 틈만 나면 대수 방정식이 가득한 칠판에서 들판으로, 숲으로, 창공으로 시선을 옮기곤 했다. 가슴 아프게도 내가 깨어 있는 대부분의 시간에는 닿을 수 없는 공간이었다. 그 사이를 교실의 창문이 가로막았다. 투명한 유리문이었지만 교도소의 창살이나 다름없었다. 창밖으로 시선을 옮기며 무엇을 찾았느냐고 묻는다면 그다지 특별한 것도 없었다. 단지 탈출, 감금 생활에서 벗어나고 싶었을 뿐이다. 마치 암송이 무언가를 배웠다는 증거라도 되는 듯 정보를 억지로 외우고 암송하는 게 아니라 그 정보란 학교라는 배경막을 치워버리면 이내 의미를 잃게 될 수 있는 그런 곳으로의 탈출을.

학교 밖에 내가 알고 싶어 하는 세상이 있었다. 학교 밖 현실 세계에서는 남이 외우라고 정한 목록을 외우기보다 '일을 해서' 지식과 경험을 얻을 수 있다. 나는 저기 바깥으로 나가 내게 의미 있는 세상, 공식과 방정식, 규칙의 세상과는 다른 세상에 흠뻑 빠져들고 싶었다. 탐구하고 도전해서 내가 이 세상과 연결되어 있다는 사실을 납득하고 그 안에서 나의 자리를 확인하고 싶었다.

물론 이 중에는 세월이 흐르고 나서야 비로소 깨달은 것도 있다. 사실 당시의 나는 똑같이 불안에 떨던 또래 10대들과 마찬가지로 통찰이 깊지 못했다. 적대적이지는 않더라도 불친절한 세상 속에서 자신의 자리를 찾고자 꿈틀거리기는 그들도 마찬가지였다. 그렇다고 내가 무엇을 원하는지 정확히 파악한 것도 아니다. 다만 규칙과 전통을 고스란히 따르는 일이 내게 맞지 않는다는 사실은 알았다. 그런 삶은 나의 기질과 결이 달라 쓰라릴 게 뻔했다.

보스턴 대학의 심리학과 연구 교수인 피터 그레이Peter Gray는『언스쿨링』*Free to Learn*이라는 책에서 다음과 같이 학교를 설명한다.

> 학교를 다녀 본 사람이라면 누구나 학교가 교도소와 같다는 사실을 안다. 그런데도 학교 다닐 나이가 지난 사람치고 그런 말을 하는 사람은 거의 없다. 옳지 않은 일이다. 사람들은 모두 진실을 두고 쉬쉬한다. 학교의 실체를 인정해 버리면 잔인한 사람처럼 보일까 염려하기 때문이다. 또한 세상에 꼭 필요하다는 마음으로 일하는 선의의 사람들에게 손가락질을 한다고 생각하기 때문이다. ······ 일반적인 정의에 따르면 교도소란 본인의 의사에 반하여 감금하고 자유를 제한하는 시설이다. 성인 세상의 교도소처럼 학교에서도 해야 하는 일만 정확히 따라야 하며 말을 듣지 않으면 처벌받는다. 사실, 학교에 다니면 남의 지시에 그대로 따르느라 보내는 시간이 수형 시설에 수감된 어른보다 더 많다. 다만 차이가 있다면 성인은 범죄를 저지른 대가로 교도소에 들어가는 반면, 아이들은 나이 때문에 학교에 들어간다는 사실이다.*

아이들이 전부 생각에 동의할 거라고는 생각하지 않는다. 순수하게 학교생활을 즐기는 아이도 있을 것이다. 학교가 제한한 환경에서도 두각을 나타내는 아이가 대개 이런 경우다. 이런 아이들이 우수해서인지, 즐기기 때문인지 구분하기가 나로서는 쉽지 않다. 다른

---

* Peter Gray, *Free to Learn: Why Unleashing the Instinct to Play Will Make Our Children Happier, More Self-Reliant, and Better Students for Life* (New York: Basic Books, 2013).

말로 풀어 보자면 이 아이들은 학교가 제공하는 환경을 정말 좋아하다 보니 뛰어나게 된 것일까? 아니면 원래 우수하다 보니 순응하고 수행하는 능력도 탁월하여 능력과 결부되는 이점을 챙기다 보니 학교생활을 즐기게 된 것일까? 아니면 무엇이 먼저랄 것도 없이 두 상황이 다 들어맞을 수도 있다.

나는 어느 경우에도 속하지 않았다. 친구 중에 학교생활에 뛰어난 아이도 별로 없었다. 하지만 반복되는 순환의 이치는 어렵지 않게 이해할 수 있었다. 학교생활을 잘하는 아이들은 교사와 부모 세계, 지역사회에서 인정받고 존중도 받는다. 인정받고 존중받는다는 건 좋은 일이기에 이 아이들은 더 인정받고 존중받기 위해 노력한다. 누군들 그러고 싶지 않을까? 그래서 우수한 생활을 이어 가고 더욱 출중하게 된다. 이제 이 아이들은 시스템의 작동 원리를 깨우치고, 자신을 단련시켜 시스템 안에서 역할을 더 잘 수행할 수 있다. 한발 더 나아가 아이들은 학교에서 뛰어날수록 안정이 뒤따른다는 사실에 위안을 얻는다. 경제적으로는 좋은 대학에 진학해서 후에 자기가 원하는 경력을 쌓을 수 있다고 안심한다. 사회적으로는 더욱 인정받으며 그것을 발판 삼아 더 높은 지위로 올라설 수 있다는 생각에 마음을 놓는다.

내 학교생활의 성패는 교육과정을 잘 따르는 능력의 여부에 좌우되었다. 그러나 그 교육과정이란 인간으로서의 나와는 거의 관련이 없었다. 내가 기획한 교육과정도 아니고, 나를 잘 아는 사람이 기획한 교육과정도 아니었다. 누군가가 정한 어떤 공통분모에 따라 만든 교육과정이다. 누구나 언젠가 멀지 않은 시기에 고등학교를 졸업하고 대학을 다니며, 결국 남은 인생을 좌우할 직업세계에 정착하리라는 가정이 이 공통분모에 담겨 있다. 또는 이런 식으로 규정되는 게 싫어 다른 일을 찾을 때까지는 적어도 그렇게 살 것이라는 가정이다. 이 모든 것은 한 인간으로서의 나의 경험과는 맞아떨어지지 않는 부조리한 가정이었다.

정확히 언제부터 이런 식으로 생각했는지는 기억나지 않는다. 어쩌면 고등학교에 들어가기 전부터일 수도 있다. 하지만 어쨌거나 이건 아닌데 하는 이런 느낌을 내가 말로 표현하는 것은 불가능했을 것이다. 초등학교 시절, 나는 비만이었던 탓에 인기가 없었다. 또래들이 모둠 활동에 낄 아이들을 정할 때면 내 차례는 늘 마지막이었다. 그래서 학교생활이 요구하는 조건에 맞추려고 더욱 노력했다. 남과 어울리고 싶은 바람은 엄청났지만 결코 채울 수 없는 허기나 다름없었다. 다른 뚱뚱한 아이들처럼, 나도 인기를 얻으리라 기대하지는 않았다. 다만 학교생활의 관행에 잘만 맞춘다면 적어도 받아들여질 것이라고 생각했다. 그래서 남들처럼 입고 남들이 좋아하는 음악을 들었다. 서툴기는 해도 남들 하는 놀이나 경기에도 끼려고 했다.

그러나 현실은 마음먹은 대로 돌아가지 않았다. 사회가 비만을 바라보는 시각과 그에 따른 부담이 버겁기도 했고 내 관심사가 다른 데에 있기도 했던 탓이다. 나는 책 읽기를 가장 좋아했다. 매일 아침 네 시 반 알람 소리에 일어나 꼬박 두 시간 동안 책을 읽고 나서야 힘을 내어 학교 갈 채비를 했다. 몸은 둔했지만 자전거도 즐겨 탔다. 자전거를 타고 달리다가 점프를 하고 몇 시간을 계속 같은 코스를 왕복하며 자전거를 탔다. 언젠가 우리 집이 캘리포니아로 이사해 사시사철 자전거를 타서 프로 선수로 재능을 꽃피우는 상상도 했다.

이 시절을 떠올리면 어쩔 수 없이 우리 아이들에게로 생각이 돌아온다. 아이들이 뭔가에 열의를 띠고 자기 성향에 맞는 것들에 자유로이 빠져드는 모습을 보면 질투 비슷하게 아픔이 밀려올 때가 있다. 마치 30년 전 집단에서 환영받지 못한 처지가 가슴 속에 응어리로 남아 있었다는 듯하다. 어쩌면 그 시절 이 남자 아이가 실제로 내 안에 남아 있는지도 모르겠다. 어찌 되었든 핀과 라이가 또래 집단의 기대를 따르며 살지 않아도 된다는 사실에 나는 마음이 놓인다. 아무도 우리 아이들의 바지를 보고 우스꽝스럽다 말하지 않는다. 그러니 아이들도 남의 눈 의식하지 않고 페니가 중고매장에서 사 온 옷을 입고 다닌다. 바지의 색이 바래도, 외투가 닳아 떨어져도, 꽃무늬 양말을 신어도 개의치 않는다. 우리 아이들에게 너무 뚱뚱하다, 너무 말랐다, 키가 너무 작다, 키가 크다, 느려 터졌다, 너무 약하다 따위의 말을 하는 사람도 없다. 그러니 아이들은 자기들의 체형과 소질을 결함의 유무로 따지지 않는다. 아이들이 그런 말로 다른 사람을 평하는 것도 거의 듣지 못했다. 아무도 이 아이들에게 특정 기종의 휴대전화를 사라 하지 않는다. 어떤 영화나 TV 프로그램을 보라 하는 사람도 없다. 그래서 아이들은 자기가 원하지 않는 것을 가지려는 욕구의 부담에서 벗어나 자유롭다. 분명 우리 아이들도 자라면서 또래를 사로잡은 상품이나 문화적 아이콘에 노출되고 있다. 그러나 아이들은 그다지 마음 쓰지 않는 눈치다. 어울리는 친구들이 어쩌다 비디오 게임을 하면서 시간을 보내기로 하면 쩔쩔매기도 한다. "그게 다 뭐하는 거래요?" 한번은 핀이 나에게 물었다. 친구 집에서 밤샘 파티를 하고 막 돌아온 뒤였다. 열 살이던 핀은 그곳에서 처음으로 비디오 게임을 접했다. "나는 그냥 지루하기만 했어요." 핀은 게임에 큰 흥미를 느끼지 못했다.

고등학교에 입학했을 무렵 나는 또래들과 같아지려는 바람을 거의 버린 상태였다. 그 대신 의미 있는 삶을 살려면 사회의 관습과 학교라는 틀을 벗어나야겠다는 생각이 들기 시작했다. 그렇다면 고등학생이라고 다 나 같은 혼란과 좌절을 겪고 있을까? 물론 그렇지는 않다. 성취도가 높은 학생이라면 모두 다 인정과 출세를 바라고 공부하는 것일까? 물론 그것도 아니다. 분명 개중에는 조직적이며 표준화된 학습 방식을 좋아하기까지 하는 학생도 있다. 그리고 학교에서의 학습으로 성취감을 충족하는 학생도 있다. 그러나 내가 경험하고 관찰한 대로라면 이런 방식의 학습을 좋아하지 않는 학생이 훨씬더 많다. 그리고 이들은 제도화된 학습에서 자신이 인간으로서 존중받지 못한다고 느낀다. 설사 대다수 학교가 채택한 규격 지향·성과 중심 교육과정에 어떠한 가치가 있다 쳐도 그 가치는 기본적으로 그 교육기관 자체와, 규격화된 학습 체제로 유지되는 사회·경제적 구조가 인정할 뿐이다.

이런 교육과정이 소위 '다수의 이익'에 부합한다는 통념은 기실 이른바 다수의 이익이라는 결함을 가진 관념에 뿌리를 두고 있다. '다수의 이익'이 실은 이로운 것이 아니라고 판명된다면 어찌할 것인가? 고의는 아니겠지만 그런 통념에는 아이들이 지역사회에 기여할 만한 도리가 달리 없다는 전제 또한 깔려 있다. 지역사회란 교실 벽 너머에 존재하며 그 의미는 표준 교육과정의 기대치를 충족시키는 차원을 뛰어넘는다. 모순적이게도 우리가 아이들을 지역사회와 멀어지게 하고 깨어 있는 시간 대부분을 학교에 다니게 할수록, 아이들이 사회에 이바지할 여지는 점점 줄어든다. 그런 행위는 교실 속 수행평가로는 측정할 수도 없다. 그 결과, 아이들이 교실 밖 세상에 이바지하는 행위를 사회 또한 경험하기 어렵게 된다. 이것은 저절로 반복되는 순환 과정이다.

부모님은 학교를 그만두려는 나의 결정을 크나큰 미더움으로 받아들였다. 부모님은 내가 허송세월을 하고 있다고 생각하신 모양이다. 부모님이 내게 실망하고 또 염려를 보냈느냐 하면 그건 사실이다. 어머니는 내 운명에서 손을 떼기로 결심한 순간을 아직도 떠올린다. 나의 자퇴를 두고 이런저런 이야기가 오갈 즈음이었다. 나는 이렇게 말했다. "어머니, 그냥 제가 실수하더라도 지켜봐 주세요."

나는 2학년 첫 학기를 마치고 학교를 떠나기로 했다. 버몬트 주에서는 주가 승인한 대안 계획 없이 의무 중등교육을 중도에 그만둘 수 있는 '의무교육 완료 연령'으로 인정받으려면 열여섯 살이 되어야 한다. 새 학기가 시작하고 11월 23일에 열여섯 번째 생일을 맞았다. 부모님의 요구 사항은 크리스마스 연휴에 마무리되는 그 학기를 마저 마치는 것뿐이었다. 나는 이 말을 받아들였다. 다만 남은 4주 동안 가능한 한 수업을 많이 빼먹으며 보냈다.

학교에서의 마지막 날에 대한 기억이 많을 법도 한데 그렇지는 않다. 기대에 부풀기도 하고 아마 예민해져 있었던 것 같다. 거창한 꿈이라고는 전혀 없었다. 휴식을 길게 보내기보다는 일거리를 찾아야 한다는 생각이 앞섰다. 그 당시 소소한 기술로 건설 현장에서 일한 경험이 있었다. 그래서 망치 다루는 요령이라든가 콘크리트 표면을 거친 빗자루로 매끄럽게 쓸어 내는 일 정도는 할 줄 알았다. 그 외에는 앞으로 내 삶이 어떻게 전개될지 감이 오지 않았다. 비록 아무 거리낌 없이 내 방식을 따라해 보라는 말은 아니지만, 그때 철저한 계획을 세워 살지 않았기에 오히려 지금처럼 자유로이 살아왔다는 생각에 이따금씩 놀라기도 한다. 있을 법한 장래를 계획해 거기에 따라 사는 편보다는 더 자유로운 삶이었다.

학교 마지막 날 뚜렷하게 기억나는 것은 학교 옆 긴 언덕길을 타고 내려온 일이다. 나는 늘 하던 대로 내 차 래빗을 빠르게 몰았다. 날이 추웠지만 차창을 완전히 내리고 12월의 찬 공기로 차 안을 가득 채웠다. 지나친 사람은 아무도 없었지만 혹여 누군가 있었다면 애창곡 가락에 맞추어 잔잔하고 깊은 소리로 외치는 10대의 괴성을 들었을 것이다. "당신은 내가 누굴 봐야 하는지 통제하고 있어……" 노래를 하면서 나는 속으로 다짐했다. '이제는 아니야. 더 이상은 아니야.'

학교를 그만두고 어른도 소년도 아닌 어정쩡한 시기가 왔다. 부모님과는 같이 살았다. 예상대로 작은 건설회사에서 가장 급이 낮은 역할을 맡아 잡일을 처리했다. 확실하지는 않지만 시간당 8달러 내외로 받았던 것 같다. 꼭 지향점이 없었던 것은 아니지만 계획대로 살기보다는 그저 하루하루 천천히 보내며 사는 정도였다.

학교를 그만둔 이듬해 봄에 어처구니없는 사고가 났다. 나와 절친 트래버는 우연히도 각자의 차를 몰고 서로에게 향하던 중이었다. 트래버는 나를 만나러 오는 중이었고 나도 트래버를 만나러 가고 있었다. 그러다 억수로 재수가 없게도 중간에서 서로의 차를 마주 박았다. 너무도 영화 같은 상황이었던 나머지 우리 둘 다 정신줄을 놓았고 말문도 막혔다. 우리는 각자 처참하게 구겨진 차 옆에 서서 쌍시옷으로 시작하는 단 두 마디 말을 연신 내뱉었다. 둘 다 다친 데는 없었으나 내 차는 심하게 부서지고 더 이상 달릴 수 없었다. 그 차를 대신해 200달러를 주고 낡은 캐딜락을 한 대 장만했다. 그러나 사자마자 실린더 헤드 개스킷이 파열됐다. 그 바람에 20킬로미터쯤마다 차를 세워 엔진을 식히고 라디에이터에 물을 채워 넣었다. 설상가상으로 교류발전기가 고장 나 일을 마치고 돌아오면 배터리를 꺼내 충전기에 물렸다. 그러다 어느 날 라디에이터에 물 채우는 걸 깜박해 결국 엔진이 멈추고 말았다.

결국 낡은 캐딜락을 폐차하고 75달러에 폭스바겐 비틀을 샀다. 이 차마저도 연료펌프가 터져 휘발유통을 뒷좌석에 싣고 다니며 기화기에 중력급유를 하며 달렸다. 브레이크도 듣지 않았지만 그나마 핸드브레이크는 살아 있었다. 그렇게 휘발유 냄새 진동하며 좀처럼 멈추려 하지 않는 차를 거의 2년 동안 무사고로 몰았다.

나는 160킬로미터쯤마다 비틀을 세우고 임시변통으로 만든 뒷좌석의 휘발유통을 채워 가며 휴양지로 유명한 마서스 비니어드 Martha's Vineyard로 갔다. 이곳에서 친구 세 명과 함께 침실 한 칸짜리 아파트에서 지냈는데 나는 소파를 차지했다. 켄이라는 사람 밑에서 지붕 이는 일을 했다. 켄은 아스팔트 지붕널을 전문 시공했다. 우리는 7월 땡볕 아래서 하루 열 시간씩 일했다. 신발을 신으면 열기에 끈적끈적해진 지붕널이 상하기 때문에 양말만 신었다. 켄은 고급 대마초를 상습적으로 피웠는데 그럴 때마다 느긋해지기보다는 성질을 부리곤 했다. 대마초가 없었으면 더 심했을지도 모르겠지만 걸핏하면 그는 늘 나에게 소리를 질렀다. 게다가 발도 아파서 나는 결국 그 일을 그만두었다.

이어서 다른 사람의 일을 했다. 이번 일은 좀 괜찮은 편이었는데 고풍스런 대저택을 복원하는 일이 전문이었다. 내 차와 충돌했던 트래버도 그의 밑에서 같이 일했다. 오후 두세 시쯤에는 일을 마치려고 우리는 이른 아침 여섯 시부터 일을 시작했다. 나는 오토바이를 장만해 오후가 되면 멀리까지 타고 다녔으며 간혹 자전거로 대신하기도 했다. 아직 열아홉 살이었지만 이제 무모한 짓은 하지 않았다. 어디에 쓸지는 확실히 정하지 않았지만 열심히 일해서 돈을 모았다.

2월 초 어느 날 아침, 나와 트래버가 일하고 있는 저택으로 여자 한 명이 찾아왔다. 주룩주룩 비가 내리고 기온은 0도에 가까운 궂은 날이었다. 차라리 기온이 더 내려가 눈으로 바뀌었으면 하고 바랐다. 나는 그 저택의 2층 창문에서 멀리 내다보이는 바다 풍경에 익숙해져 있었다. 풍경을 잠시 휴식 삼아 창밖을 내다보곤 했다. 이날은 바다가 보이지 않았지만 계속 바다를 바라보며 비가 눈으로 바뀌는 순간을 학수고대했다.

그러다 그녀가 눈에 들어왔다. 날씨 탓에 꽁꽁 싸매 입고 자전거에 올라탄 채 자전거 프레임에는 곡괭이와 삽을 묶어 두었다. 아침 일곱 시가 채 못 된 시간이었다. 머지않아 알게 될 이 여자의 이름은 페니였다. 진눈깨비를 뚫고 자전거를 타고 와 그날 내내 진눈깨비를 맞으며 스프링클러 설치를 위해 도랑을 팠다. 남달라 보이는 그녀의 행색에 끌렸다는 말로 엄청난 뒷이야기를 대신하고 싶다. 어쨌든 평소에는 그런 용기를 내어 본 적이 없건만 나는 오래지 않아 데이트 신청을 했다.

페니가 내 삶에 들어올 즈음에 글 쓰는 일도 시작했다. 일을 쉬는 날에는 일찍 일어나 공책에 이런저런 이야기와 보아 온 이야기를 적었다. 지어낸 글도 있고 일상에서 바로 끌어온 내용도 있다. 당시에는 막 시작한 글쓰기 습관과 초등학교 시절의 읽기 습관이 무슨 관련이 있는지 몰랐으나 이제는 알 것 같다.

처음에는 글로 수입의 일부를 번다거나 글이 장차 가족을 부양하는 주 수입원이 될 거라고는 생각도 못했다. 우리 아이들이 활을 깎고 단풍시럽을 졸이는 이유와 마찬가지 이유로 글을 썼다. 글을 쓰면 마음속에서 무언가 속삭이며 나를 북돋아 주었다. 다른 일에서는 느끼지 못했던 경험이다. 내가 글을 써야 한다거나 글을 써 보면 어떻겠냐고 한 사람은 아무도 없다. 마찬가지로 내가 글을 쓰지 않을 거라거나 글에는 소질이 없다고 한 사람도 없으며 이런저런 글을 써 보라 한 사람도 없다.

자발적으로 시작한 내 글쓰기에 대해 이야기하자면 당연히 우리 아이들의 배움과 견주게 된다. 내가 글을 쓰지 않았다면 핀과 라이처럼 자신 있게 배움을 주도할 수 있었을까 궁금해질 때가 있다. 내게 그런 자신감이 생긴 계기는 누구도 아닌 나 스스로 글을 쓰면서 비롯했기 때문이다. 그런 자신감을 키우도록 영향을 준 요인이 분명 있기는 하다. 아버지는 시를 썼고 어머니는 아동 문학 작가였다. 게다가 어린 시절 상당히 오랫동안 집 안에 텔레비전을 들이지 않고 살았다. 나는 밤이 깊은 줄도 모르고 책에 빠져들었다. 책을 읽으면 뚱뚱하고 인기 없는 나를 잊을 수 있었다. 자퇴하기는 했지만 고등

학교 시절의 작문 수업도 빼놓을 수 없다. 짧은 학교생활에서 내가 일원으로 느껴졌던 수업이 바로 작문 시간이었다. 그러나 고등학교를 그만두고서야 글쓰기가 내게 어떤 의미가 있는지 비로소 제대로 깨닫기 시작했다. 나 혼자 힘으로, 나를 위해 할 수 있는 것이 바로 글쓰기였다.

아이러니한 얘기지만 내가 만약 고등학교를 그만두지 않았다면 전업 작가로서의 삶은 결코 발견하지 못했을 것이다. 학교를 그만두고 나서 자연스럽게 진로를 수정하니 대학 수준의 교육은 그리 중요하지 않았다. 고졸 검정고시를 통과하고 나서 버몬트 주 대학에서 두 학기를 이수한 정도다. 결과적으로 진로가 바뀌면서 고등교육에 필요한 경제적 부담에서 벗어날 수 있었다. 가방끈이 길어지면서 생기는 온갖 기대로부터 자유로워진 것은 물론이다. 우리 집안 내력을 보면 내게 대학 진학은 예정된 수순이었다. 아버지는 코넬 대학을 졸업한 후 존스홉킨스 대학에서 석사학위를 받았다. 어머니는 아이오와 주의 그리넬 대학교를 졸업했다. 참으로 아이러니하게도 내가 학교를 그만둘 당시, 아버지는 버몬트 주의 교육부에서 일을 했다. 우리 가족으로 말하자면 제도적인 교육을 신봉하는 정도가 아니라 그 제도로 밥을 먹고 그 우산 밑에서 거처하는 셈이었다.

취미로 시작한 글을 전업으로 삼는 과정은 그리 빠르게 진행되지 않았다. 오랫동안 건설 현장 일과 자전거 수리를 번갈아 했다. 그러는 한편 소규모 정기 간행물에 글을 써서 차곡차곡 모아 두었다. 한

동안 이런 삶이 이어지다가 어느 순간 어쩌면, 정말 어쩌면 전업 작가로서 생계를 유지할 수도 있겠다는 자각이 움트기 시작했다.

이따금씩 나는 넋을 놓고 우리 아이들의 장래를 상상할 때가 있다. 나에게 그런 상상의 권리가 있다고는 생각하지 않는다. 하지만 이 상상이 아이들에 대한 기대치를 잔뜩 부풀리는 온상으로 변질하지 않는다면 해로울 것까지는 없을 터이다. 아이들은 자기들 앞에 펼쳐진 세상에 확신이 있는 모양이다. 얼마 전에 핀과 라이가 얘기하는 내용을 우연히 엿듣다가, 말투에서 뭔가 다른 분위기를 느껴 평소와 달리 귀를 기울였다. 사뭇 진지한 말투에서 감지한 바로는 아이들이 매우 중대한 일을 논의하는 중이었다.

"라이, 세상에서 딱 세 개만 가질 수 있다면, 넌 무얼 가질 거야?"

"덫, 당나귀, 오두막."

여덟 살인 둘째는 1초도 망설이지 않고 없이 또박또박 힘주어 말했다. 그 말을 듣는 순간 가슴 한구석이 아려 왔다. 한편으로는 기분이 좋기도 했다. 그런 것들이 존재한다는 것을 까맣게 잊어버린 세상에서 그런 것들에 이 어린아이가 여전히 끌릴 수 있다는 생각이 들어서다. 하지만, 이내 슬픈 감정이 밀려들었다. 우리 아이들의 세 가지 소망이 얼마나 유별난지 알기 때문이다. '덫과 당나귀, 오두막을 바라면서 자란 아이를 이 세상은 어떻게 대할까?' 이런 생각이 들다가도 '덫과 당나귀, 오두막을 바라면서 자란 아이라면 이 세상에 어떤 일을 할까?' 하는 생각으로 오락가락했다. 내가 근심을 털어놓자 페니가 잠시 생각하다가 대답했다. "그래도 뉴욕 양키즈의 선수가 되겠다는 것보다는 훨씬 현실적이잖아."

세상의 부모라면 다 그렇겠지만, 나는 이런 불확실한 상황을 안고 살아야 한다. 하지만 우리 아이들의 별난 취향이라면 그 불확실성을 가중시키고도 남는다. 덫과 당나귀와 오두막이라. 페니와 나는 우리 아이들이 그 또래 아이들과 관심사가 통하는 데서 오는 위안은 좀처럼 찾지 못한다. 그러나 위안이 아주 없지는 않다. 매일매일 아이들이 자기 주도적으로 생활하면서 기지와 수완을 발휘하고 융통성 있게 대처하는 모습을 보기 때문이다. 매일매일 우리는 아이들이 세상 속 미지의 껍질을 벗겨 내 앞으로 탈바꿈시키는 모습을 목격한다. 우리가 목격하는 것은 그들의 배움에서 오는 경험, 성공, 실패, 만족으로 하나의 패턴을 그리는 별무리라 할 만하다.

나는 아이들의 장래를 두고 고민에 빠질 때마다 이 점을 떠올린다. 내가 걸어온 여정을 떠올리며, 보통 사람 같으면 크게 기대하지 않았을 일들이 결국은 기회였음을 실감하게 된 것을 떠올린다. 그 기회란 우리 문화가 출세와 명성이라는 범주로 한정한 기회가 아니다. 남이 가지 않은 길을 밝힐 때 찾아오는 기회다. 우리 아이들은 정말로 오두막에 함께 살며 땅에서 오는 소소한 소득으로 근근이 살아갈지도 모른다. 그러다 석 달에 한 번 보름달이 뜬 날 당나귀를 타고 장에 다녀올지도 모른다. 마치 우리가 최근에 읽은 이야기 속의 늙은 나무꾼처럼 오랫동안 옷을 갈아입지 않아 몸에 털이 수북이 자라

내복 밖으로 삐죽 튀어나올 지경이 될지도 모른다. "나도 그러고 싶어!" 그때 핀은 이야기를 듣고 나서 키득거리며 말했다. 어쩌면 의사나 은행가가 될지, 아니면 그렇게 쉽사리 분류하기 어려운 뭔가가 될지 아무도 알 수 없는 일이다.

잘산다는 말이 뜻하는 것에는 변수가 무수히 많다. 여기에 진실이 담겨 있다. 그래서 자기에게 맞는 변수를 정할 수 있는 능력이야말로 내가 진정 우리 아이들에게 바라는 점이 아닐까 되묻곤 한다.

시간이 멈춘다면

8월 중순 어느 날, 멜빈은 언덕 위 들판에서 두 번째 목초를 베어 낸다. 이 들판은 우리가 공유하는 울타리 주변으로 우뚝 솟은 단풍나무 숲과 길게 접해 있다. 목초 작업이 끝난 후 멜빈은 기계가 놓친 풀 한 포기라도 뜯어 먹도록 젖소를 풀어 준다. 매일 오후 네 시 반쯤이 되면 우리 아이들은 울타리 밑으로 빠져나와 멜빈네 목초지로 향한다. 거기서 저녁분의 착유를 위해 소몰이를 한다. 헛간은 약 400미터 남짓 떨어져 있고 내려가는 언덕길은 가파르다. 얼마 전까지 이 언덕에는 멜빈의 아들들이 임시변통으로 스키 리프트 대용 견인줄을 설치해 두기도 했다. 언덕 정상에 리프트 한 칸을 허공에 매달아 붙잡아 두고 앞바퀴에 견인줄을 칭칭 둘렀다.

아이들은 소몰이를 좋아한다. 이제 장래의 듬직한 젊은이로 자라고 있다고 증명하려 애쓰는 나이다. 30여 마리 젖소 무리를 몰고 가

홈 그로운 — 아이들은 스스로 배운다

파른 목초지를 지나 한참 아래에 있는 헛간 앞마당까지 데려가는 일은 그런 목적에 더없이 안성맞춤이다. 멜빈이 이제 예순다섯이고 목장 일도 얼마 남지 않았다는 사실을 아이들이 알고 있을지도 모르겠다. 어쩌면 그리 멀지 않은 장래에는 더 이상 저녁 우유를 짜러 몰고 갈 젖소가 없을 것이라는 사실을 알아챘을 것이다. 그렇더라도 그런 사실 때문에 아이들이 그렇게 열심인지는 잘 모르겠다. 아이들은 이제 겨우 열한 살과 여덟 살. 감상이 마음을 움직이기에는 아이들은 아직 너무 어리다.

하지만 나는 아이들과 다르다. 그래서 어느 여름날 오후 여섯 시쯤, 나는 아이들이 남긴 자취를 따라 헛간으로 가 보았다. 멜빈의 소한 마리가 소몰이 중에 놀라 울타리 약한 부분을 부수고 나갔다는 이야기를 전하려는 구실이 있기는 했다. 그러나 전화 한 통이면 다 해결될 일. 진짜 이유는 따로 있었다. 복잡한 설명 필요 없이 앞으로 몇 해 여름이 지나면 이렇게 구실을 만들면서까지 들판을 걸어 볼 기회도 없기 때문이다. 그 오랜 세월 멜빈의 소 떼는 느긋하게 이 언덕을 오르내렸다. 수없이 새겨진 소 발굽에 언덕 굽이굽이마다 길이 나 있다. 오래지 않아 이 길을 걷기 위해 일부러 구실을 만들 기회도 사라질 것이다. 우리 착한 이웃의 헛간 앞마당에서 이야기할 구실 거리가 사라지게 된다. 멜빈은 유리 없는 유리창 틀에 기대어 서고 나는 창틀 건너편에 기대어 날씨며 건초며 목초지, 그리고 온갖 자질구레한 하루 일상을 나누던 그 시간이 사라질 것이다. 남들에겐 의미 없을지도 모르지만 우리에게는 중요한 그런 이야기들을.

두 목장을 사이에 두고 산다는 게 우리 가족에게는 큰 축복이다. 우리의 계획에도 없었고 기대하지도 않았던 일이다. 우리가 이 땅을 구입할 때 그런 일은 염두에도 없었다. 그런 일을 찾는다는 것을 떠올리지도 못했을 것이다. 그럼에도 불구하고 이제는 다른 삶을 상상조차 할 수 없다. 논리나 이성으로는 설명할 수 없기에 우리 삶이 어떤 식으로 풍족해졌는지 표현할 방법을 찾지 못하겠다.

멜빈을 생각하면 최선일지는 몰라도, 기정사실이나 다름없는 그의 은퇴를 나는 떠올리고 싶지 않다. 핀과 라이가 저녁 소몰이를 마치고 건초 밭 등성이를 따라 돌아올 때, 오직 하늘만을 배경으로 한 발짝이라도 잘못 디디면 세상 밖으로 곤두박질칠 것 같은 그 순간이면 시간이 그대로 멈추었으면 좋겠다. 내가 유리 없는 그 유리창 틀 한편에 다가서고, 멜빈이 맞은편에 기대선 그 순간, 늦은 오후의 태양이 우리 둘을 물들이고 멜빈의 뒤로 젖을 짜는 소의 윤곽이 부드럽게 퍼질 때면 시간이 멈추었으면 좋겠다. 이런 순간만큼은 세상이 옳으며, 나도 그에 어울리게 살고 있다는 확신이 든다. 내게 필요한 모든 것, 여태껏 내게 필요했던 모든 것, 그리고 앞으로 필요할 수도 있는 모든 것이 손 뻗으면 닿을 거리에 있다는 확신이 선다. 그래서 이 순간 시간이 멈추었으면 좋겠다.

그러나 시간의 속성은 그렇지 않다. 시간은 계속 흐른다. 아이들은 자라고 농부는 나이 들어 일을 접는다. 목초지는 숲으로 변했다가 다시 목초지로 돌아온다. 만물이 변한다. 그 변화를 예측할 수도 있고 예측하지 못할 수도 있다. 언젠가 멜빈은 목장 일을 그만둘 것이다. 언젠가 멜빈의 소가 남아 있지 않거나 흥미가 떨어지면 아이들이 더 이상 소몰이를 하지 않는 날도 올 것이다. 어느 경우나 지켜보기 참으로 힘들 테지만 그래도 시간이 흐르다 보면 둘 다 피해 갈 수는 없다. 어느 경우가 먼저 오느냐의 문제일 뿐이다.

한때 손닿는 곳에 있던 것들이 손길 너머로 사라진 경우를 몇 번이고 경험했다. 각별히 보살폈으나 저세상으로 간 사람들, 혹은 다른 곳으로 갔거나 행방을 알 수 없는 사람들을 그려 본다. 아이들이 크면서 거쳐 가는 단계도 떠올린다. 핀이 내 손을 잡을 때의 모양새는 이제 예전과 같지 않다. 두 녀석을 어깨 위에 태우고 싶어도 이제는 내 맘대로 할 수 없다. 마지막으로 아이 손을 잡은 순간, 마지막으로 어깨에 태웠던 순간을 되살려 보려 애를 써 본다. 하지만 되지 않는다.

마찬가지로, 필요하리라고는 상상조차 못했던 존재가 이제는 없다고는 상상할 수 없는 경우도 보아 왔다. 그러니 그들이 결국엔 떠나리란 사실을 인정하며 산다면 그들의 떠남으로 인한 슬픔과도 사이좋게 지낼 수 있다. 이런 상황이 가끔은 나뭇가지에 앉은 새와 다름없다는 생각을 해본다. 새들은 잠시 동안 나뭇가지에 앉았다가 저희들만의 사정으로 훌쩍 날아가 버린다.

때때로 향수 비슷한 감정에 젖기도 한다. 옛날이나 지난 일에 대한 향수가 아니라 미래에 지금에 대해 느끼게 될 터인 향수다. 그것은 어쩌면 시간이 멈추었으면 하고 바라는 그런 순간에 느끼는 것이 아닐까 싶다. 미래에 떠올리도록 저장된 현재의 경험 말이다. 하늘을 배경으로 모습이 아로새겨진 아이들. 스러져 가는 헛간 유리창틀 속에 액자처럼 붙들린 나의 이웃. 내 발길 아래 소가 밟고 지나가 단단한 자국으로 남은 길.

이 작은 순간들을 고스란히 빨아들이고 있는 것은 단지 기억만이 아니다. 내 가장 깊은 감정, 내 성격, 내 영혼이다. 나를 나이게 하는 그 모든 것들이다. 내가 생각하고 느끼는 방식, 주변 세상을 지각하는 방식의 가장 깊은 곳에 작용하는 이런 순간들의 기운을 느끼는 짧은 순간들이 깜박이는 전구처럼 찾아올 때면, 나는 이 삶터의 손아귀에 붙들려 있다는 이런 느낌을 받는 것이다. 여기, 지금의 손바닥 위에.

5

언스쿨링 초기 시절

앞에서 다 마치지 않은 내 정규 교육 경험을 풀어 놓았다. 이 경험은 우리 부부가 핀과 라이의 교육에 대해 내린 결정의 뼈대가 된다. 페니도 이 결정에 대해서는 할 말이 많았다. 그러나 페니의 결단은 나보다 훨씬 강했다. 미국 중산층이라면 흔히 거치게 되는 소정의 교육과정, 즉 고등학교와 4년간의 고등교육에 나보다 훨씬 근접했음에도 단호했다. 실제로 페니는 로체스터 공과대학에서 사진을 전공하면서 이 기대치를 거의 이룰 뻔했다. 그러던 어느 여름, 농장에서 일하다가 필름보다 야채에 마음이 끌리고 있음을 깨달았다. 사실 대학 졸업을 목전에 두고 흙과 씨앗에 마음을 빼앗겨 딴 길로 향한 사람들은 페니 이전에도 있었다. 페니가 마지막이 되는 일은 없을 것이라는 점 또한 분명하다.

페니는 핀과 라이를 주류 교육 체제에서 벗어나도록 하는 데 있어 한 치의 흔들림도 없었다. 그것은 아마 페니가 제도 교육을 충실하게 받았음에도 불구하고가 아니라 오히려 제도 교육을 충실하게 받았기 때문에, 그래서 그 허상을 깨달았기 때문일 것이다. 페니의 흔들림 없는 헌신적 자세는 분명 어느 정도는 상황적 요인에 따른 결과였다. 우리가 교제를 시작한 무렵에 나는 여름을 보내러 버몬트로 돌아와 있었다. 페니는 마서스 비니어드에 머물면서 야채 농장 일을 했는데, 그곳은 대학을 떠난 이후에 그녀가 대부분의 시간을 보낸 곳이었다.

뜻밖의 행운으로, 나는 입소문을 통해 찾아낸 노동자 숙소에 세를 얻었다. 이 숙소는 '부활의 도시'Resurrection City 또는 간단히 줄여 '캠프 RC'라고 하는 농가에 딸려 있었다. 무엇으로부터의 부활인지, 무엇을 향한 부활인지 알 수 없었으나 크게 신경 쓰지 않았다. 나에겐 새 삶이 아니라 그저 몸 하나 의지할 값싼 숙소가 필요했다. 월세 75달러인 캠프 RC는 이 조건에 잘 맞았다. 이곳에 들어온 다른 세입자로는 30대로 보이는 사내가 있었다. 그의 이름은 도널드였으며 어린 두 아들도 같이 지냈다. 아이들의 이름은 크레슨트와 오리온이었다. 그 아이들이 몇 살이었는지는 자세히 기억나지 않는다. 다섯에서 여덟 살 정도 되어 보였던 걸로 기억난다. 그러나 두 아이 모두 학교에 다니지 않은 사실은 또렷이 기억한다. 아이들은 학교에 다니는 대신 도널드와 집에서 지냈다. 도널드가 가는 곳은 어디든지 따라다니며 놀거나 뭔가를 탐구했다.

도널드는 항상 아이들을 데리고 다닐 수 있는 일을 찾았다. 이른 봄에 인근 농장에서 단풍 시럽을 만드는 일을 하면 그동안 크레슨트와 오리온은 아직 녹지 않은 눈밭에서 뛰놀거나 제당소 주변을 스키를 타고 돌아다녔다. 도널드는 소규모 목공 일을 했다가 절망감에 또는 어떤 영감에 이끌려 이동식 부리토 매점을 시작했다. 이 세 부자는 채식주의자를 위한 부리토를 팔러 축제나 콘서트를 비롯해 꽤 많은 곳을 찾아다녔다. 도널드는 촉이 비상해서 어느 곳에 무슨 행사가 있으면 귀신같이 알아냈다. 그리고 자기가 만든 부리토에 기꺼이 돈을 낼 사람이 많다고 판단되면 어디든 달려갔다.

크레슨트와 오리온이 홈스쿨링을 했는지 아니면 언스쿨링을 했는지, 아니면 두 가지를 조합한 또 다른 형태의 교육을 받았는지는 잘 모르겠다. 그러나 둘 다 보통 아이들하고는 달랐다. 장난감이라고는 거의 없었는데 아이들은 이 사실에 하나도 개의치 않았다. 어쩌면 그 아이들에게는 모든 게 장난감이었기 때문일지도 모른다. 아이들에겐 모든 게 놀잇감이었다. 아이들이 주운 쇠파이프를 가지고 몇 시간이고 놀던 기억이 생생하다. 아이들은 파이프를 지팡이 삼아, 낚싯대 삼아, 또는 목발 삼아 놀았다. 돈으로 아무리 정교한 레고 장난감을 사 주었다 해도 오히려 이 아이들의 성에 차지 않았을 것이다.

그때까지 내가 만난 다른 아이들에 비하면 이 아이들은 자아의식이 강했고, 내가 아는 대부분의 어른들에게는 낯설기만 한 자신감과 이해력을 가지고 있었다. 또래보다 어른스럽고 짓궂기까지 했으나 그마저도 사랑스러웠다. 이 아이들이 장난기가 넘쳤다 해도 자기들 세상에서는 있을 법했기 때문이다. 그러다가도 어쩔 수 없이 어린애 같은 구석을 드러내곤 했는데, 지금은 어린애 같다는 말이 참 바보 같다는 것을 깨닫는다. 그 아이들도 결국은 아이들이었기 때문이다. 그러나 그 아이들이 놀고 몸을 날리며 몸싸움을 벌이는 모습을 보면서 나는 강한 인상을 받았다. 그 당시까지 내가 알던 아이들 대부분은 그렇게 놀며 표현할 수 있는 자유를 조금도 누리지 못했다.

아이들의 표현의 자유의 제한이 시간과 공간 부족 때문인지 아니면 단지 아이들에 대한 관용과 인내가 부족해서 벌어진 일인지 그때는 확신이 안 섰다. 그래도 나의 작은 친구들이 나름 행복하고 자유로웠다는 것은 확실하다. 나도 언젠가 아이들이 생긴다면 그렇게 해주고 싶었다. 나를 만나러 왔다가 그 아이들을 본 페니도 아이들에 대해서 같은 생각이었다. 페니는 교외에 있는 자기 동네에서 아이들을 잘 본다고 인정받아 이웃들이 많이 찾았다. 그래서 어린아이들의 다양한 성격에 익숙했다. 그러나 크레슨트와 오리온은 아주 남달랐다. "이런 아이들은 정말 처음이야. 굉장한 애들이야." 아이들을 본 페니는 이렇게 말했다.

우리가 아이들의 교육을 두고 의견이 엇갈려 이런저런 실랑이를 벌였다면 이 이야기에 극적인 효과가 더해졌을 것이다. 그러나 크레슨트와 오리온을 만난 순간 우리는 바로 깨달았다. 우리가 아이들을 갖는다면 아이들은 집에서 배우리라는 사실을 말이다. 참으로, 우리는 그런 배움이 어떻게 펼쳐질지, 하루하루를 어떻게 계획할지 정확히는 알지 못했다. 하지만 우리는 부모와 교육자로서는 전혀 경험이 없음에도 오히려 자신감이 넘쳐 아이들을 학교에 보내지 않으리라 마음먹었다. 그런 확신은 고지식한 것은 물론이고 오만해 보일 수도 있다. 결국 아직 태어나지도 않은 아이들의 문제이기 때문이다. 앞으로 6, 7년 후에 벌어질 일을 두고 아이들에게 무엇이 최선인지 아는 척하는 태도에는 결코 적지 않은 오만이 깔려 있다. 그러나 이것은 아이들의 미래와 관련된 그 어떤 가정에도 적용될 수 있는 얘기다. 그러니 아이들은 정규 교육을 받아야 한다는 집단적인 믿음 또한 어쩌면 오만에서 비롯하리라.

우리는 어떻게 교육해야 할지 세세한 내용은 몰랐지만 아이들의 배움을 이끌고 싶었다. 아이들이 학교에 다닌다면 대체로 가능하지 않을 방식으로 이끌고 싶었다. 다시 말해 아이들이 학교가 제공하는 것보다 더 적은 지도를 받기를 원했다. 또 현대 사회에서는 점점 누리기 힘들어지는 자유와 활력을 어느 만큼은 경험하게 해 주고 싶었다. 아이들이 아이답게 자라기를, 자기의 속도와 스타일에 맞게 배우고 발전하기를 바랐다. 우리는 제도에 의해 표준화된 교육의 숨통을 조이는 듯한 강한 압박을 느꼈었다. 그래서 우리 아이들에게는 전혀 다른 교육을 하고 싶었다. 우리 아이들이 질식하지 않고 숨을 쉴 수 있기를 원했다. 그러나 아이들이 학교에서 소비할 수천 수만 시간을 되찾아 주지 않는다면 숨 쉴 수 없으리라 여겼다.

굳게 마음먹고 언스쿨링이라는 여정을 시작했지만 그 시작은 불안했다. 초기에는 발도르프 교육을 일부 모델로 하여 집에서 학습을 했다. 발도르프 교육은 오스트리아 출신 철학자이자 인지학(人智學) anthroposophy의 창시자인 루돌프 슈타이너의 교육적 신념에 근거를 둔다. 인지학에서는 정신세계를 지적으로 파악할 수 있다고 전제하는데, 이 정신세계는 슈타이너에 따르면 지각과 직관을 깊이 일깨우려고 하는 사람에게는 열려 있는 세계다. 전 세계 대안교육 운동에서 발도르프 교육의 영향은 상당히 크며, 60개 나라의 정평 있는 사립학교 1천 곳 이상이 발도르프 교육을 하고 있다.

주로 미술·공예 같은 자기표현 활동을 통한 기초 교육을 강조한다는 점에서 발도르프 교육관은 우리 관심을 끌었다. 즉, 읽기, 쓰기, 산수 등 반복에 의한 암기를 중시한 기초 학습은 예술 활동을 통해 가장 잘 배울 수 있다는 믿음이다.

페니와 나도 이 점이 몹시 마음에 들었다. 마침 핀이 다섯 살이 되자 이제는 체계적으로 배울 때가 됐다고 판단했다. 페니는 발도르프 식으로 미술과 공예 기반 활동을 축으로 하여 시간표를 짰다. 학습 공간의 거점으로 삼은 주방 테이블에는 두툼한 도화지를 다발로 쌓아 두어 테이블이 휠 정도였다. 갖가지 색깔의 수채 물감과 파스텔도 갖추었다. 특히 아침 해가 떠올라 주방을 그 달콤한 빛으로 쓸어내릴 때면 그 광경은 정말 아름다웠다. 보기만 해도 절로 배울 것 같은 기분이 들었다.

그런데 딱 한 가지 문제가 있었다. 핀은 이런 활동이 전혀 동하지 않았다. 루돌프 슈타이너에 대해서 들어 본 적도 없는 그는 그의 말대로 앉아서 예술적으로 자신을 표현해야 한다는 게 이해가 되지 않았다.

딱 잘라 말하면 핀은 그런 활동을 **몹시 싫어**했다. 핀은 시키는 대로 고분고분 따른 적은 없는 아이였다. 테이블에 조용히 앉아서 그림을 그리며 자신을 표현하리라던 기대를 품자마자 핀에게서 분노에 가까운 감정이 터져 나왔다. 매 순간이 다툼이었다. 길길이 날뛰다가 대성통곡을 하는가 하면 구슬피 울었다. 초조해하며 안절부절 못했다. 단 1분도 테이블에 앉기를 거부했다. 심하면 정말 아무 곳에도 앉으려 하지 않았다. "발도르프 학교에 보내면 좀 달라질까?" 한바탕 화를 돋우는 상황이 끝나고 눈물을 짜내면서 페니가 한 마디 꺼낸 말이다.

페니는 넋두리를 던졌을 뿐이다. 설령 학비를 감당할 수 있었다 해도 우리는 아이를 발도르프 학교에 보낼 생각은 없었다. 핀의 기질을 이해해서 이 아이가 조용히 앉아 배우는 일과는 맞지 않는다는 사실을 깨닫고 나서는 그런 생각을 더욱 굳혔다. 핀은 늘 활동이 왕성했다. 그런 아이에게 움직이지 말고 조용히 있으라는 말은 저주나 다름없다. 어려서부터 핀이 저절로 낮잠에 빠진 적은 딱 한 번뿐이다. 낮잠을 재우는 일은 몹시 고됐다. 아이는 차에 태워진 뒤라든가 포대기에 싸서 안고 주위를 두리번거리지 못하게 눈을 가린 채 숲을 걷고 나서야 잠이 들 정도였다. 그래야 여기저기 관심을 끊고 핀도 우리도 그토록 고대하던 휴식을 얻을 수 있었다.

핀이 공립학교에 갔다면 틀림없이 주의력 결핍 과잉 행동 장애 ADHD 진단을 받고 즉석에서 행동 교정 약물을 처방받았을 것이다. 우리가 집을 기반으로 배우는 데 끌리지 않았다 해도 핀의 기질과 그로 인한 진단이 무서워 어쩔 수 없이 학교를 그만두어야 했을 것이다. 처방에 쓰이는 애더럴과 리탈린 같은 약은 뇌의 신경통로를 크게 변경해 중독에 취약하도록 만든다. 씁쓸하게도 미국 공교육에서 이런 약의 처방은 반드시 필요한 부분이 되었다. 2010년 이런 약의 매출은 70억 달러를 넘었다. 단 4년 만에 83퍼센트 증가한 수치다.[*] 2013년에는 학령기 아이들 중 11퍼센트가 주의력 결핍 같은 형태의 증상이 있는 것으로 진단될 정도였다.

우리가 아이의 장래를 재단하지 않고 아이를 그대로 받아들인 일은 페니와 나의 교육 여정에 중대한 전환점이 되었다. 그것은 우리가 사회화되면서 품었던 기대와 가정을 비우는 여정의 출발점이었다. 나는 이제 핀의 혈기왕성한 기질이 우리 삶에 큰 축복이었음을 깨닫는다. 핀이 만약 우리가 차려 주는 학습을 무엇이든지 잘 받아들이는 아이였다면 그는 성장에 꼭 필요한 자유를 우리에게서 허락

---

[*] "F.D.A. Finds Short Supply of Attention Deficit Drugs," *New York Times*, January 1, 2012

홈 그로운─아이들은 스스로 배운다

받지 못했을 것이다. 그와 더불어 우리 자신의 성장에 꼭 필요한 자유도 우리는 스스로에게 허락하지 않았을 것이다.

핀이 정해진 스타일을 따라 배워야 한다는 생각을 버리자 우리 눈을 가렸던 안대가 벗겨진 느낌이었다. 이제 더 이상 개념 속에서 허우적거리지 않고 관찰을 할 수 있었다. 우리는 핀이 몸과 마음을 진정할 수 없어 집중을 못한다고 걱정했었다. 그러나 우리 눈에 들어온 것은 엄청난 집중력을 지닌 핀의 모습이었다. 물감과 종이, 그리고 우리가 배움에 대해 규정했던 모든 가정에서 해방되자 핀은 여러 일감에 빠져들었다. 마치 마음속 개간하지 않은 원시의 땅에서 활짝 피어나는 꽃을 닮은 일감들이었다. 처음 핀이 하는 일에는 명확한 목표가 없었다. 여러 시간 동안 나무 조각에 못을 박거나 나무 막대를 손 안에서 조각이 날 정도로 가늘게 깎았다. 그러더니 아이의 수고가 결실을 맺었다. 오랫동안 깎고 사포질을 하더니 어느 샌가 활이 나왔다. 삼나무 껍질에서 얇은 실을 뽑아 줄을 꼬는 일에도 달인이 되었다. 몇 마리 잡히지 않아도 몇 시간이고 낚싯대를 드리울 줄 알았다. 부싯돌과 부시로 불을 지피는 방법도 배우고 숲에 있는 온갖 나무와 식물을 식별할 줄 알았다. 등에 지는 바구니 짜는 일에 작정하고 달려들어 하루 종일 얇은 나무껍질을 엮어 형태를 만들고는 다음 날 아침 일곱 시면 다시 그 일에 덤벼들었다.

물론 핀이 이 모든 기술을 혼자 깨우쳤을 리는 없다. 우리가 교육에 대한 선입관을 버리고 핀을 자유롭게 놓아준 것은 맞다. 그렇다 해도 우리의 깨우침의 순간을 기다리며 깊이 저장되어 있던 지식과 경험이 저절로 쏟아져 나오는 것도 아니다. 페니와 내가 그런 기술을 전수하지도 않았다. 우리는 핀에게 밧줄 만드는 법을 가르치고 나면 틈도 주지 않고 바로 원자로 건설하는 방법을 가르치려 들 수도 있는 사람이니까. 그 대신 우리는 자연에서 아이들과 더불어 일하는 데 일가견이 있는 다른 어른을 찾아 핀과 엮어 주려고 했다. 한번은 아이들을 대상으로 하는 자연 프로그램을 찾아갔으나 또래들이 너무 많아 오히려 핀에게 지나친 자극이 될까 염려가 되었다. 아직 핀의 기질에는 맞지 않겠다고 판단해서 그 가운데 강사 한 명을 모셔 핀과 일대일로 만나도록 주선했다.

강사인 에릭은 매주 우리 집에 와 핀과 함께 여러 시간 숲으로 사라지곤 했다. 나중에 여덟 살을 넘겼을 때 우리는 드디어 핀이 또래들을 감당할 수 있겠다고 확신해 일주일에 한 번씩 하는 야생 기술 프로그램에 등록했다. 핀은 물 만난 물고기 같았다. 매주 목요일 오후 집에 돌아오면 여전히 그날의 흥분이 남아 얼굴이 발갛게 달아올랐다. 그 흥분이란 자기가 속한 곳을 비로소 찾았다는 쾌감에서 오지 않았나 싶다. 핀은 요즘도 이 모둠에서 활동을 하고 있으며 에릭도 매주 우리 집을 방문한다. 그러나 이제는 라이가 그와 함께 숲으로 들어간다.

라이의 기질은 핀과는 사뭇 딴판이다. 만약 라이가 맏이였다면 우리는 보다 체계를 갖추어 계획적으로 홈스쿨링을 했을지도 모른다.

라이는 조직하고 관리하는 면에서 페니의 기질을 물려받았다. 그리고 조용한 편에 내성적인 아이다. 집과 학교를 막론하고 틀이 짜인 교육과정에서 아주 잘은 아니더라도 적어도 견뎌 내기는 하겠다는 판단이 든다. 핀이 먼저 이 세상에 찾아와 우리에게 다른 길의 존재를 알려 주었기에 얼마나 다행인지 모른다.

내가 가끔 스스로 묻곤 하는 물음이 하나 있다. 특히 양육을 두고 이런저런 선택을 하느라 머리를 싸맬 때 자주 하는 물음이다. 바로 '교육이란 무엇일까?'라는 물음이다. 이 물음은 논리적으로 또 다른 물음으로 이어진다. '아동기란 무엇일까? 이래야만 되고 그렇지 않으면 안 되는 것일까?' 어찌 보면 바보 같은 질문이다. 마치 '사람이란 무엇인가? 이렇게 해야 사람이고 그렇지 않으면 사람이 아닌가?'라고 묻는 것과 같다. 웃기는 질문 같아도 여기에는 진지하게 생각할 구석이 있다. 우리가 교육에 대해 품고 있는 가정은 그저 가정에 불과하다는 사실이다. 결국 문화에서 비롯한 이야기이며, 모든 이야기와 마찬가지로 그 이야기를 믿느냐 마느냐는 우리에게 달려 있다. 경청하고 말고는 우리에게 달려 있다. 우리가 우리 자신의 이야기를 쓸 수도 물론 있다.

내가 우리 아이들과 채우려는 이야기는 어느 만큼은 신뢰에 대한 이야기이다. 부모로서의 직감에 대한 신뢰와 내려놓기의 이야기이다. 이 직감에 대한 신뢰는 물론 우리 아이들을 신뢰하는 법을 내가 배울 수 있을 때라야만 허용되는 사치라 할 만하다. 우리 아이들에 대한 확신이자, 아이들이 자기 속도에 따라 자라도록 수용하는 우리 자신에 대한 믿음이다. 아이들이 잘 성장하리라는 믿음이다. 제도 교육이 찍어 낸 기대치에 우리 아이들이 뒤처져 보이는 순간조차.

한두 해 전, 아는 사람과 이야기를 나누던 중 일곱 살 된 라이가 아직 글을 읽을 줄 모른다고 말한 적이 있다. 그 사람은 라이가 읽지 못한다는 사실뿐 아니라 내 덤덤한 태도에도 놀라 몇 번이고 계속해서 물어보았다. "정말이에요?" 마치 극복할 수 없는 약점이 되어 평생 아이를 따라다니기라도 할까 봐 염려해 주는 눈치였다. 나는 마음 상하지 않았다. 보통 사람들이 아이에게 어떤 기대를 걸고 있는지 알기 때문이다. 일곱 살 정도면 책을 읽고 페이지 가득 끝없이 숫자를 적어 나갈 줄도 알아야 한다. 앉아서 오랜 시간 집중할 줄도 알아야 한다고들 생각한다. 연필과 종이 위로 잔뜩 구부린 채 또는 요즘 유행하듯 노트북 컴퓨터나 태블릿 컴퓨터에 몰두한 채 말이다. 나는 세상이 아이들에게 요구하는 기대치를 알고 있으며, 그 수준에 맞추면 우리 아이들이 뒤처진다는 사실도 안다.

그러나 세상이 아이들에게 기대하지 않은 것들을 우리 아이들은 안다. 나는 그 점에 이끌린다. 아이들은 숲에 있는 온갖 나무를 분간한다. 나를 도와 돼지를 도축할 줄 안다. 도끼를 휘둘러 나무를 쪼개거나 절단기를 사용할 줄도 안다. 불을 지필 줄 알며 널어놓은 건초가 언제쯤 말라 베일로 뭉쳐도 좋은지 안다. 자기들 수준에 맞게 건축도 한다. 바느질하고 뜨개질하며 나무를 깎을 줄도 안다. 집 아래 숲으로 사라져 한 시간쯤 후에 가방 한가득 식용 버섯을 담아 돌아온다. 찌는 여름 멜빈을 도와 그의 베일 포장기를 작동할 줄도 안다. 이런 기술이 중요하다고 생각하는 것은 그것이 특정한 터전에 기반을 두었다는 것, 아이들이 이 땅과 지역사회에 연결되어 있을 때라야 가능한 기술이기 때문이다. 그리고 진정한 생활의 기술이기에 특히나 중요하다. 아이들은 이런 기술이 손에 익어 생활 속에서 적지 않은 기지를 발휘한다. 타이어 교체하는 요령이나 도끼를 다룰 줄도 모르는 현대인들은 이런 기술을 빠르게 잊고 산다. 마지막으로 덧붙이면 우리 아이들이 몸에 익힌 기술이나 지식은 타고난 호기심을 살리고 배움을 즐기면서 살아온 결과이다. 아이들이 우리 터전 고유의 특성을 고스란히 받아들인 것도 당연히 중요한 요인이다. 그러다 보니 아이들은 이 땅에서 무언가 열심히 배우려는 마음이 생기면 그에 따라 배울 주제를 정했다. 자연스럽고도 필연적인 결과였다.

그러나 이 가운데 강요에 의한 배움은 아무것도 없다. 배우고 과제를 완수하는 과정에 본디 내재된, 말이 필요 없는 충족감만 있을 뿐 보상이나 칭찬과 결부된 것은 하나도 없다. 페니와 나는 곁을 지켜 주는 것의 미덕을 믿을 뿐 칭찬은 경계한다. 우리는 지지하고 용이한 길을 일러주려고 함께한다. 자극이든 위협이든 부추겨 속이고 조종하는 행위는 우리의 존재 이유가 아니다. 배움은 그 자체가 보상인 셈이다.

학교에서의 학습에도 같은 말을 할 수 있을까? 당연히 그럴 수 있다고 생각한다. 규정된 교육과정에 따라 배워야 한다 해도 배우는 것이 좋을 수는 있다. 두 경우가 꼭 배타적이지는 않을 것이다. 그러나 제도적 환경에서 일어나는 학습 대부분이 실제 세상과 동떨어져 있다는 지적에는 반론의 여지가 없다. 이 세상이 어떤 느낌인지, 어떤 모양인지, 어떤 맛이며 냄새며 소리를 내는지 제도적 학습 환경에서는 알 수 없다. 나는 아이들이 배우려면 실생활에서 동떨어진 맥락이 아니어야 하며, 머리뿐만 아니라 몸도 쓰는 방식이 중요하다고 믿는다. 또한 실체적 결과물이 나오는 방식이어야 한다고 생각한다. 무언가에 유용하게 쓰일 수 있으면 더욱 좋다. 아무도 거처한 적이 없던 곳을 휴식처로 탈바꿈시키는 일도 될 수 있고 텅 비어 있던 냉장고에 자신이 만든 먹거리를 채우는 일도 될 수 있다. 또는 자기 손으로 직접 옷을 수선하는 일도 가능하다. 씁쓸하게도 이런 배움은 이제 공교육의 영역에서는 빠르게 사라지고 있다. 그런 경험에 필요한 예산을 줄이고 과학 기술에 정신이 팔려 이런 결과를 빚었다.

아이가 변덕을 부리거나 쓸모도 없는 엉뚱한 물건을 갖겠다고 고집을 피울 때조차 그것이 아이가 구체적인 물건을 만들어 내는 기회가 되는 경우를 나는 본 적이 있다. 핀은 다섯 살 무렵에 다른 물건은 다 제쳐 두고 공기압으로 쏘는 장난감 총만 찾았다. 몇 주 동안 아이를 설득해 보았지만 아이는 더 부지런히 떼를 썼다. 아이에게 장난감 총을 쥐어 주기가 싫어서라기보다는 산 지 얼마 되지 않아 쓰레기장에 쌓일 플라스틱 장난감이 내키지 않았다. 그래서 페니는 손수 장난감 총 만드는 법을 찾기 시작했다. 모자 사이의 학습 프로젝트를 기대하며 재료를 모았다. "핀이 마음에 들어 할 거야." 페니는 디자인을 마쳐 놓고 이렇게 말했다.

다음 날 아침 페니가 묘수를 발휘해 만든 창작물로 아이를 깜짝 놀라게 해 주려는데 신기한 일이 벌어졌다. 핀이 손수 고안한 장치를 들고 집 안으로 달려왔다. "내가 만든 것 좀 보세요." 핀은 크게 외치며 자기가 직접 고안하여 약식으로 만든 장난감 총을 우리 얼굴 앞에 흔들어 보였다. 페니와 나는 놀라 말문이 막혔다. 우리에게 물어보았다거나 동영상을 본 것도 아닌데 이제 겨우 다섯 살 된 아이가 장난감을 떡하니 만들어 보인 것이다. 더 놀랍게도 아이가 만든 총은 정말 작동했다. 구조는 아주 단순했다. 기다란 구리 파이프에 직경이 딱 들어맞는 장부촉을 꽂았다. 그리고 코르크를 파이프의 한쪽 끝에 꽉 조일 정도로 깎아서 끼웠다. 단순한 구조이더라도 총은 잘 작동해서 코르크는 펑 소리를 내며 날아갔다.

우리는 그동안 아이들의 능력을 얼마나 많이 과소평가했던가? 아이가 원하는 걸 손쉽게 쥐어 줌으로써 아이 스스로 발견하는 감각을, 상상력과 창조력을, 실패를 딛고 성공하는 힘을 훼손했던가? 비록 지금은 예전보다는 덜하다 해도 그와 같은 상황이 아주 많이 벌어지고 있다는 생각에는 변함이 없다. 전에 친구 하나가 학교에서 자기 아이가 받는 '미술' 수업에 대해 이야기한 적이 있다. 그 미술 수업은 주로 그려진 선 안에 색을 칠하는 활동으로 진행되었다. "그렇게 하니까 상상력이 발휘될 여지가 별로 없더라구." 그 친구는 이렇게 말을 덧붙였다. 나는 그 말에 절로 얼굴을 찌푸렸다. 상상력이야말로 당연히 우리가 가장 많은 배려를 해야 하는 소양이 아닐까.

'선 안에 색칠을 하는' 학습은 아이를 길들여 지시가 필요하도록 만든다는 점에서 위험하다. 어른인 우리조차 이 점을 깨닫지 못한다. 우리 역시 누군가 지시하는 방향에 따르도록 조건화되며 커 온 탓이다. 핀과 라이가 자기들 재주로 무수히 많은 장치를 만드는 모습을 보고 새삼 우리 부부는 그런 기지가 몹시도 부족하다고 느꼈다. 세상 사람들이 대개 그렇듯이 우리 역시 지시에 따르도록 배워 왔다.

우리가 아이들에게 불어넣고자 하는 그런 지식이 제도 교육이라고 꼭 불가능하지는 않으리라 주장할 수도 있다. 맞는 말이다. 그러나 또 다른 진실을 들춰 볼 수 있다. 어른도 마찬가지겠지만 아이들이 하루에 깨어 지내는 시간은 그리 많지 않다. 그 시간을 교실의 벽 안에 갇혀 보내거나 스크린에 빠져 흘려보낸다면 아이들은 달리 시간을 보낼 여지가 없다. 매일 일고여덟 시간을 교실에서 보내고 여기에 두세 시간 혹은 그 이상을 숙제하느라 보낸다. 게다가 또 다른 과외 활동을 마쳐야 하며 통학과 귀가에 소요되는 시간, 텔레비전을 비롯해 여러 가지 수동적인 오락 매체에 쏟는 시간이 있다. 이 모든 시간을 감안하면 아이들이 제도의 힘이 미치지 않는 환경에서 보낼 수 있는 시간은 거의 남아 있지 않다.

이따금씩 우리 문화에서 찍어 내듯 쏟아지는 교육적 기대치를 생각하면 마음이 싱숭생숭해질 때도 있다. 우리 아이들이 21세기 세상에서 영영 뒤처진 채로 살까봐 걱정도 된다. 우리 때문에 아이들이 번듯한 직업과 그에 필요한 지식이나 정보를 얻지 못한다면, 그래서 아이들을 쥐꼬리만한 보수로 연명하는 고생길로 내모는 것은 아닐까? 페이스북도 모르고, 스마트 폰이나 태블릿 컴퓨터가 없어서, 또는 몇 시간이고 책상 앞에 앉혀 구구단과 역사책을 달달 외우게 하지 않아서 아이들이 어려운 상황에 빠지면 어쩌나? 여전히 나는 아이들이 모르는 그 많은 것들을 생각하면 잠을 설친다. '나 때문에 아이들이 실패하는 건 아닐까?' 하며 불안해한다. 어떤 때는 내가 하고 있는, 과연 이렇게 해도 되는 것일까 싶어지기도 하는 교육을 돌아보다 내가 여전히 무지한 걸 수도 있다는 생각이 든다. 그럴 때마다 내가 아무것도 모른다거나 혹은 전혀는 아니더라도 알아야 할 만큼 알지는 못한다는 불안에 휩싸인다.

물론 내가 아이를 망치고 있는지 그렇지 않은지 확실하게 아는 것은 불가능한 일이다. 부모라면 누구나 져야 하는 십자가다. **우리는 알 수 없다.** 은행원이 될지, 배를 만들지, 변호사가 될지, 스포츠 심판이 될지, 의사가 될지, 막노동꾼이 될지 우리는 아이의 장래를 알 수 없다. 행복하고 만족스럽게 살지, 잘 적응하지 못하고 힘겹게 살지 알수 없다. 우리는 아이들이 어떤 세상에 살지도 알 수 없다. 모든 일이 순조롭게 흘러가더라도 우리는 아이들이 여정의 종착점에 닿기도 전에 죽을 운명이기에 더더욱 알 수가 없다. 내가 부모로서, 어쩌면 그저 한 인간으로서 겪는 일 중에 가장 중요한 것이 이 불확실성과 평화로이 공존하는 법을 배우는 일이다.

고등학교에 더해 대학까지 마친다고 해서 행복하고 만족스러운 삶에서 멀어지는 것도 아니라고 정확히 집어 말할 수도 있다. 그러나 내가 하고 싶은 이야기는 그런 게 아니다. 내 경험에 비추어 볼 때 훌륭하고 의미 있는 삶이란 꼭 우리 문화가 규정한 교육의 틀을 따르는 데 있지는 않다. 이 말은 고통스럽지만 명백하게 들릴 수도 있을 것이다. 그런데도 이 사회는 제도와 표준에 따르는 교육이 딱 우리 아이들이 가야 할 진로라는 개념에 집착하는 것 같다. 아이들이 이 세상에서 잘살려면 그 길밖에 없다고 말이다. 어쩌면 맞는 말일지도 모르지만 홈스쿨러의 대학 졸업률이 66.7퍼센트이며, 그렇지 않은 아이들의 57.5퍼센트 비율보다 높다는 사실은 눈여겨볼 만하다. 그뿐만이 아니다. 홈스쿨러 출신 대졸자들은 정규 학교를 졸업한 친구들보다 평균 평점도 높다.*

대부분의 교육기관들이 기존의 경제 질서에 맞게 아이들을 준비시키는 일을 사명으로 여기는 것으로 보인다. 그런데 여기에는 행복과 번영을 보는 이 경제 자체의 가정들도 당연히 들어 있다. 누가 그들을 탓할 수 있을까? 결국 이 모든 일이 우리가 교육기관에 요구하

---

* Homeschool Legal Defense Association, *Progress Report 2009: Homeschool Academic Achievement and Demographics, 2009.*

홈 그로운—아이들은 스스로 배운다

는 일과 맞아 떨어지기 때문이다. 우리 모두가 의존하는 사회경제 체제에서 아이들이 성공하는 데 꼭 필요한 기술을 전수해 달라는 게 이 요구사항이다. 그러나 이 체제가 진정 우리가 살고 싶은 세상을 만드는지에 대해서는 진지한 고려가 우리에게 없다는 데 문제가 있다. 이들 제도는 우리 아이들을 전 지구적 규모로 경쟁하고 앞서가도록 다그친다. 그 경제 체제에서는 성장을 숭배하고 성공과 안위는 돈과 권력으로 규정한다. 이런 상황이 지속되는 한 평화와 평등이 살아 있는 세상은 가슴 아프게도 우리가 닿지 못하는 곳에 있을 것이다. 간단히 말해 우리 경제 체제의 무한 반복되는 순환은 우리가 여태껏 받들어 온 방식으로 아이들을 교육하는 한 극복할 수 없을 것이다.

4반세기를 더 살고 난 덕분에 깨닫게 된 일이지만 고등학교 자퇴는 내 삶에 중요한 계기였다. 그로 인해 문들이 열리고 기회를 얻기도 했지만, 삶에 대한 관점을 바꾸는 데 진정 중요한 역할을 했기 때문이다. 이 세상에서 내 길을 찾아갈 수 있도록 해방되었기 때문이다. 학교를 그만두지 않았다면 나는 주류의 길을 따르며 감히 벗어날 생각은 꿈도 꾸지 못한 채 물질적으로 감정적으로 육체적으로 소진하며 살았을 것이다. 우리 사회에는 성공적인 삶에 대한 억측이 여전히 강하고 고교를 중퇴하는 사람에 대한 편견도 여전하다. 그것은 고교 중퇴자가 어떤 삶을 살게 될 것인가에 대한 편견이라고 해도 좋겠다.

좀 더 정확히 짚어 보면 이런 가정을 강화하는 데에는 통계 수치가 한몫 거들었다. 열여섯에서 스물네 살 사이 학교 중퇴자의 수감률이 대졸자보다 63배나 높은 것이다.* 그러나 연관성이 있다고 해도 원인으로 돌릴 수는 없다. 흔히 학교 중퇴에 따라붙는 무슨 근본적인 '불량' 때문이기보다는 우리가 학교 중퇴에 덧씌우는 낙인, 그리고 정규 교육을 충실히 따르지 못한 사람들에 대한 지원이 없어서 이런 결과가 나온 것은 아닌지 의심하는 편이 합리적일 수 있다. 그러니 이렇게 물어보는 편이 더 공정하다. 학교 밖의 길을 허락받고 남들의 판단에서 자유로우며 지역사회에서 지지받는 아이들이 더 늘어난다면, 이 아이들이 과연 세상에 뜻 깊은 기여를 할 수 있을 것인가?

성취에 관해 우리 문화에 만연한 일상적 언어들을 사용하면 성공의 개념을 쉽게 설명할 수 있다. 자택 소유, 보수 좋은 직장, 후한 노후 연금, 고급 승용차, 남들로부터의 인정, 그리고 이런 것들을 이루기 위한 포부 등이 그렇다. 이런 것들이 우리 문화에서 성공을 규정하는 척도가 되어 버렸다. 남들도 그렇게 여기다 보니 어느새 이런 말들로 좋은 삶의 조건을 간단히 설명하기에 이르렀다. 아니 단지

---

* Andrew Sum, Ishwar Khatiwada, Joseph McLaughlin, with Sheila Palmer, "The Consequences of Dropping Out of High School: Joblessness and Jailing for High School Dropouts and the High Cost for Taxpayers", Center for Labor Market Studies, Northeastern University, Boston, Massachusetts, 2009. www.northeastern.edu/clms/wp-content/uploads/The-Consquences_of Dropping_Out_of_High_School.pdf.

홈 그로운—아이들은 스스로 배운다

편안히 살 수만 있다면 그 자체만으로 좋은 삶이라 생각하는지도 모른다.

이런 척도를 따로따로 놓고 보면 특별히 나쁘다 할 수 있는 속성은 없다. 본래는 나쁜 의미가 없는 말들이며 나에게 해당하는 사항도 몇 가지는 있다. 그러나 그런 속성을 추구하다 보면 우리 삶이 위협을 받는다. 삶터나 자연과 의미 깊은 관계를 키워 가기 어려워져 결국 우리 삶을 빼앗기기 때문이다. 문제는 우리 자신과 아이들을 위해 그런 것들을 추구하면서 그 파급효과를 숙고하지 않는 데 있다. 우리는 서로 멀어지고, 가족과 지역사회가 산산조각난다. 경제적 성장을 좇다가 도리어 자유를 잃고 만다. 그리고 이런 속성을 좇아가는 아이들도 똑같은 상황을 맞이한다.

페니와 내가 어떤 선택—교육, 돈, 야망 등등을 둘러싸고—을 할 때 우리가 세상을 고쳐 가고 있는 중이라고 생각해서 선택한 것은 아니다. 우리는 그 정도로 순진하지도 않고 고결하지도 않다. 다만 이 선택들이 세상사의 궤적에 즉시 영향을 주지 못한다 할지라도 이 선택들은 궁극적으로 우리가 살고 싶은 세상의 반영이며, 그런 의미에서 이 선택들은 우리가 살고 싶은 세상으로 되어 간다. 그 세상이란 아이들이 신뢰받으며 존중받고 제 몫을 한다고 느끼는 세상이며, 관용이 탐욕을 이기는 세상이며, 모든 사람이 아량 있고 사람을 믿는 자유를 누릴 수 있도록 해방된 세상이다. 인류에게 고난과 절망을 유발시키는, 얼핏 보면 인류를 압도하는 강력한 힘은 그 힘에 좌우되고 있다고 느끼는 우리들에게 달려 있다는 사실이 쉽게 이해되는 세상이다. 그 힘은 우리가 내리는 모든 선택, 우리가 취하는 모든 행동을 통해 우리가 세상을 만들어 간다는 것을 깨닫지 못하는 우리에게 달려 있다. 우리의 세상은 우리에게 달려 있다.

사과나무 아래서

어김없이 여름이 온다. 성큼 그리고 돌이킬 수 없게 다가온다. 그와 함께 이른 아침 다섯 시, 옅은 공기를 뚫고 시작해 고단한 몸이 곯아떨어질 때까지 하루를 채울 일거리도 함께 찾아온다. 땔감으로 쓸 나무를 자르고 쪼개 쌓아야 한다. 땔감을 쌓아 둘 헛간을 지어야 한다. 무성한 전나무 숲을 솎아 나무를 끌어내고 톱으로 잘라야 한다. 그러면 흙내 가득한 나무를 켜고 잘라 목재로 가공해야 한다. 울타리에는 말뚝을 박아야 한다. 나무딸기는 솎아 내고 시렁을 둘러야 한다. 채소밭을 쇠스랑으로 고르고 김을 매고 씨도 뿌려야 한다. 양, 돼지, 젖소는 목초지에 풀어 놓는다. 건초를 뭉쳐 베일로 만들고 트럭에 싣고 내던져 쌓아 올린다. 그리고 우유를 짠다. 생우유라 버터를 만들 수 있어 좋고 커피의 쓴맛을 달랜다. 체인톱 작업용 안전바지와 땀에 젖은 셔츠를 입고 냉장고에서 꺼낸 차가운 우유를 벌컥

들이켠다. 아이들과 낚시터를 찾아 숲을 지나 이웃 땅의 시내로 내려가기도 한다. 그곳의 다리는 거의 반 이상 허물어져 수십 년, 어쩌면 몇 세대가 지나도록 건넌 사람도 없다. 그곳의 무너져가는 돌다리 그림자에 송어가 숨어 있다.

어느 날 아침 나는 유독 일찍 눈을 떴다. 라이의 고양이 윈슬로가 닫힌 현관문을 비집고 들어왔다. 녀석은 이층을 돌아다니다가 내 오른쪽 머리맡에 자리를 잡고 심술궂게 가르랑거렸다. 4시 45분쯤 되었을까. 나는 흐느적거리며 아래층으로 내려와 커피를 만들었다. 이윽고 주방에 난 창 밖으로 양들의 덥수룩한 형체가 눈에 들어오자 밖으로 나섰다. 아직 어스름한 새벽녘이었다.

으스스하면서 포근한 날이었고, 안개가 짙게 끼어 있었다. 아이들이 우리 친구 토드에게 준다고 전날 덫을 놓아 잡은 스컹크의 악취가 진동했다. 나는 우리 아이들의 괴상한 욕구가 못마땅해 구시렁거렸다. 또 그렇게 간단히 허락해 준 페니와 나 자신도 탓했다. 이런 투정은 처음은 아니었지만 그렇다고 마지막도 분명 아닐 것이다. 정말이다. 아이들이 덫을 놓아 스컹크를 잡고 그 가죽을 벗겨 앞마당에 널도록 내버려 두다니, 우리 부부가 제정신일까? 아이들이 사냥감용 헛간을 바로 앞마당과 진입로 교차지점에 지어 온 집안에 악취가 퍼지도록 놔두다니, 우리가 정말 제정신인가? 아이들이 하고 싶다면 다 밀어주고 싶다가도 가끔은 아이들이 그냥 비디오 게임에 빠지거나 어린이 야구단에 열광하는 편이 훨씬 수월하겠다는 흑심이 들기도 한다. 그냥 안 돼라고 딱 잘라 말하는 편이 훨씬 수월하겠다는 생각도 종종 든다.

그날 아침 나머지 시간은 가축들을 살피며 보냈다. 하늘은 늘 하던 대로 어둠을 걷어 내고 있었다. 돼지, 닭, 새로 낳은 새끼돼지들이 과실수 사이를 헤집고 다니며 거름을 넉넉히 뿌려 댔다. 목초지 가장 먼 가장자리에 있는 젖소들에게도 어슬렁거리며 다가가 보았다. 그곳에서 멜빈네 땅과 맞닿은 곳에 있는 커다란 사과나무 밑에 서서 우두커니 지켜보았다. 바람에 떨어진 사과를 주워 돼지들에게 주려고 생각했었는데 옮겨 담을 만한 양동이를 가져오지 않았다. 임시방편으로 주워 담을 만한 셔츠도 걸치지 않은 상태였다. 참 바보 같다 생각하며 자신을 탓했다.

한 일이 분 지났을까. 아직 비는 오지 않았지만 금세라도 내릴 것 같았다. 헤이든 커루스Hayden Carruth의 「밤에 만난 소」The Cows at Night라는 시의 마지막 시구가 떠올랐다.

하지만 나는 가고 싶지 않았다,
아직은. 더 있는다 해도
무얼 해야 할지도 몰랐다.

그 엄청난 어둠 속에서
무엇인들 설명할 수 있었을까, 무엇인들.

나는 울타리 옆에 섰다. 그러자

아주 상냥하게 비가 내리기 시작했다.

이윽고 나는 집으로 걸어왔다.

홈 그로운─아이들은 스스로 배운다

6

큰 전봇대

2002년 1월 14일. 엉망진창에 먼지로 뒤덮인 집에서 페니가 첫아이를 낳았다. 주방에는 싱크대도 없었고 바닥은 채 깔리지도 않았다. 외벽 마감도 내벽 시공도 끝나지 않은 상태였다. 장을 보던 중 느닷없이 진통이 덮쳐 왔다. 페니는 핀이 급하게 소식을 전하는 순간에도 장바구니를 계속 채웠다. 알뜰한 성격답게 아내는 목록에 있던 품목들마다 하나도 빠짐없이 줄을 그었다. 침착하게 진통 주기를 계산해 분만이 가까워 오기까지 남은 시간을 어림잡고는 건축자재상으로 갔다. 거기서 욕실 타일 열두 상자를 자동차 트렁크에 싣고 나서야 집까지 40킬로미터 거리를 운전해 왔다. 집에 도착하자마자 페니는 침실에 누웠다. 말이 침실이지 아무것도 없이 매트리스만 달랑 있는 방이었다. 나는 산파인 주디를 불렀다. 이어서 공사판이나 다름없는 집안을 미친 듯이 치우기 시작해 출산이 가능한 환경으로 바꾸려고 애를 썼다.

좀 있으면 주디가 처음으로 우리 집을 방문한다. 출산 전 계약 일
로 만났을 때, 주디가 나를 그다지 존중하지 않는다는 인상을 받았
다. 나에게 설명하거나 대답하는 방식에서는 무시하는 듯한 기분
이 들었다. 내가 함께 거드는 게 마음에 들지 않는다는 듯이 도도한
모습도 보였다. 추측만 할 수 있을 뿐, 정확한 이유는 몰랐다. 그래
서 엉뚱하게도 실은 내가 성실하고 올바른 남자라는 인상을 주고 싶
은 바람이 생겼다. 아내와 태어날 아이를 위해 책임을 다하고 아내
의 고통에 공감하며 일도 잘하는 남자라는 인상을 주고 싶었다. 집
안 여기저기 쌓인 쓰레기, 어지러이 널린 물건, 날카로운 연장이 그
런 인상을 일으킬 수 있을까? 그건 아니었다. 그래서 페니가 계단 꼭
대기 보잘것없는 침실에서 점점 심해지는 진통을 견디는 동안 나는
톱니 달린 절단 도구들을 지하로 옮기고 갖가지 건축 쓰레기 더미를
정리했다.

30분쯤 지나 주디가 집에 들이닥쳤다. 주디는 집 안을 둘러보았
다. 내 눈에는 가장 멋져 보일지라도 주디의 눈에는 초보 티가 팍팍
나는 집이었다. 나는 육중한 테이블 톱도 미리 지하실로 옮겨 두었
다. 보통 같으면 건장한 어른 두 명이 들러붙어야 할 정도로 무거운
기계다. 산파가 들이닥치고 아기가 곧 나온다는 생각에 초인 같은
힘이 솟은 모양이다. "갈 길이 멀어요." 주디는 찬 공기를 몰고 집 안
으로 들어서면서 씩씩거리며 말했다. 그녀는 기우뚱거리는 계단을

쿵쿵거리며 올라가더니 **침실 문간 한가운데에 놓인 흔들의자에 풀썩** 앉았다. 그렇게 앉아 깊고 평온한 잠에 빠져들었다. 공평하게 말하자면 주디는 경험도 독보적으로 많고 신망이 매우 두터운 산파라는 점을 지적하지 않을 수 없다. 첫아이의 출산에 그녀의 도움을 원한 것도 그런 이유다. 우리는 라이가 태어날 때도 산파를 불렀는데 이번에는 능력은 물론이고 나와 우리 집에 친절한 사람이었다.

빤하게 들릴 수도 있겠지만 손수 목재를 쌓아 올려 만든 보호막 같은 집에서 아이를 낳는다는 것은 아주 놀라운 경험이다. 첫아이를 낳기 전해에 수없이 많은 나무판자에 못을 박았다. 우리 아이들이 그 작고 은밀한 바다에서 빠져나와 들어온 집. 그 집이 모양을 갖추기까지 얼마나 많은 나무가 자기 삶을 바쳤던가? 내 손으로 아이들의 따뜻하고 축축한 머리를 받쳐 들던 순간이 놀랍도록 선명하게 떠오른다. 그 짧은 첫 접촉의 순간, 부모가 된다는 의식은 달콤한 동시에 무한한 약점 같은 느낌으로 밀려왔다.

물론 병원에서 출산하면 이런 경험을 할 수 없다는 뜻은 아니다. 그러나 나는 매일 아이들이 처음 이 세상에 나온 바로 그 거실 바닥을 지나다닌다. 바로 그곳에서 나는 하도 밟아 닳은 판자 위로 몸을 웅크려 그 작은 아이를 받아 들었다. 페니의 품에 안겨야 하던 시간에 단 1초라도 욕심을 부려 더 오래 안아 들었다.

두말할 것도 없이 아이가 생기는 일은 삶이 바뀌는 사건이다. 땅이 우리에게 각인되는 과정은 더디게 진행되는지라 그 영향이 내 상상만큼 확실한지 이따금씩 지나고 나서 따져 봐야 한다. 이와 달리 아이의 힘이란 즉각적이고 반박할 여지가 없이 명백하다. 그 힘이 가하는 충격은 격심하며 감정은 파도처럼 출렁인다. 기쁨. 두려움. 자랑스러움. 혼란스러움. 걱정. 다시 기쁨. 더한 자부심. 더한 걱정. 그 모든 감정의 뒤에는 나의 인생이 이제 더 이상 나만의 인생이 아니라는 인식이 깔려 있다. 갑자기 한 아이의 안녕이 나의 안녕보다, 이 세상 무엇보다 더 중요해진 때문이다. 그런 일이 가능하다는 것에 어쩌면 생각이 미치지 못했을 것이다. 하지만 가능하다 생각을 했다고 하더라도 당신은 아이의 힘의 위력과 이 진실의 힘이 너무도 확실해서 그것에 압도당한 자신을 문득 깨닫고 놀라고 만다.

핀과 라이가 태어난 집은 원래 누추했던 오두막을 뚜렷하게 개량한 결과물이다. 안락을 추구하는 21세기에 그런 집은 찾아보기도 어려울 테지만 말이다. 우리는 땅을 구입한 직후 그 오두막을 짓기 시작했다. 작은 촛불 하나 밝히고 편지봉투 뒷면에 그린 그림에서 오두막에 대한 계획이 싹텄다. 그 그림에는 다양한 해석의 여지가 있었지만 몇 가지는 확실히 해 두었다. 5미터×10미터 크기에 지붕 밑 다락방이 침실이었다. 지붕은 경사를 크게 해서 눈이 저절로 떨어지게 했다. 지붕 재질은 양철로 해서 빗소리를 들으며 잠을 청할 수 있게 했다. 지역 제재소에서 어렵게 구입한 거대한 목재로 오두막의 뼈대를 삼았다. 내가 목재를 주문할 때 제재소 주인이 한 말이 떠오른다. "휴잇 씨, 큰 전봇대구만요." 특별한 이유는 없지만 나는 그 말이 그냥 재미있었다. 큰 전봇대. 딱 맞는 말이었다.

우리는 하루라도 빨리 셋집에서 빠져나오려고 거의 미친 듯이 일했다. 눅눅하고 곰팡이투성이에 담뱃진이 밴 축사 같은 집에 세 들어 산 지 일 년 반이 되었다. 월세는 꼬박 100달러가 들었다. 그뿐만이 아니다. 까놓고 말하면 그 집은 시궁창이나 다름없었다. 컴컴하고 사기를 푹 꺼지게 하는 소굴 같은 곳이었다. 화기애애한 분위기나 행복감은 실종되어 다시는 찾아볼 수 없는 곳이었다. 불편한 점이 한두 가지가 아니었지만 우리가 그곳을 뜨려 한 것은 그 때문은 아니었다. 물이 나오지 않아 우리는 각자의 일터에서 물을 길어 와야 했다. 지붕에서는 빗물이 샜다. 욕실은 다 무너져 가고 환기도 엉망인 데다 집 밖에 딴채로 붙어 있었다. 숲을 코앞에 두고 박혀 있어서 잎이 무성한 나뭇가지가 창문을 마구 문질러 댔다. 그러나 아무리 불편해도 극소량의 활기만 있다면 이 모든 것들은 극복할 수 없는 것들은 아니었다. 그곳에는 말로는 다할 수 없이 절박한 자포자기의 심정으로 치닫게 되는 무언가가 있었다. 다리가 셋 밖에 없는 강아지나 시골 클럽을 전전하는 한물간 록 스타의 기분이 그랬을 것이다.

"여기서 얼른 나가야겠어." 어느 날 밤, 처마 밑에 깐 매트리스 위로 지친 몸을 풀썩 내던지며 내가 말했다. 그날 우리는 언제 완공할지는 모르지만 장래의 우리 집 바닥 골조 작업을 하느라 하루를 보냈다. 16피트 길이의 2×12인치 구조목을 옮겨 마루청을 받치는 장선으로 깔았다. 우리는 솔송 재질 구조목의 엄청난 무게에 눌려 피곤했다. 구조목 한 개의 무게가 작은 행성 하나처럼 느껴질 정도였다.

둘 중 하나가 그런 감정을 털어 내는 것도 처음은 아니었다. 반백 번은 족히 넘었을 것이다. "알겠어. 그럼 알다마다." 페니가 나를 달래 주었다.

"아니야. 당신은 이해 못해!" 이때 나는 거의 제정신이 아니었다. 나는 베개에서 몸을 세우고 날카롭게 소리쳤다. "여기서 어서 나가야 한단 말이야!"

우리를 몰아가는 게 또 하나 있었다. 우리는 우리의 땅에 살고 싶은 마음이 굴뚝같았다. 이 갈망은 우리 몸과 혼에 파고든 바이러스이자 자력이었다. 이 힘에 저항할 수 없었고 유일한 치료약은 어떻게든 빨리 옮기는 것뿐이었다. 우리가 지금 딛고 서 있는 문턱을 넘어서는 일뿐이었다. 우리가 그토록 오랫동안 상상하던 삶에 몰입하는 것뿐이었다. 그 삶을 그리며 우리는 그렇게도 많은 밤을 지새웠고 어휘가 달릴 정도로 상상력이 불타올랐다.

한 가지 작은 문제가 있었다. 우리는 빈털터리였다. 땅을 사는 데 3만 달러가 들었는데 모아 놓은 돈은 모두 여기에 쏟아부었던 것이다. 절반은 은행에서 대출했지만 나머지 반에 시급 8달러의 보잘것없는 품삯을 평생 모은 돈이 모두 들어간 것이다. 부족한 돈을 해결해 준 사람은 친구 제리였다. 제리는 뉴욕 출신에 말재주가 남달랐고 뉴욕시 택시면허를 몇 개 상속받아 양도한 대가로 현금이 넉넉했다. 아마도 우리 지인 중에 자산이 있으면서도 대출을 베풀 수 있는 사람으로는 제리가 유일했을 것이다. 그래도 제리에게 빌린 1만 달러에는 10퍼센트의 이자가 붙었다. 제리는 친구일지는 몰라도 이타주의자는 아니었다.

우리는 차를 팔아 돈을 조금이라도 더 마련했다. 딱하긴 하지만 폭스바겐을 6백 달러에 팔고 70년대 빈티지 티가 풀풀 나는 닷지 픽업트럭으로 바꾸었다. 트럭은 삼색 톤이었다. 공장에서 나올 때 입힌 녹색에 파랑색과 분홍색이 긴 띠처럼 나 있었다. 촌스러웠지만 2백 달러 치고는 나쁘지 않았다. 6백 달러짜리 차를 팔고 더 싼 차를 기꺼이 몰 수 있는 사람들도 있게 마련인데 우리 처지가 바로 그랬다. 제리에게서 빌린 돈과, 차를 거래하여 남긴 차액을 합쳐 어느 정도 마련을 하고 친구 릭도 힘을 보태 주었다. 목수인 릭은 체격도 단단했다. 나무로 깎았다고 해도 좋을 만큼 이두박근이 단단하고 뚜렷했다. 우리는 수수한 외양의 거처를 세웠다. 뉴잉글랜드 주를 지나온 그해 겨울 첫 눈보라가 닥치기 직전에야 마지막 하나 남은 창틀을 마저 끼웠다. 릭은 이른 결혼 선물이라며 2주의 시간을 선사해 주었다.

우리는 비용을 낮추려고 보편적인 방식의 기초 공사는 하지 않았다. 대신 콘크리트 초석을 길게 두 줄로 놓고 그 위에 오두막을 얹었다. 각각의 초석은 2.5미터 간격을 두고 1.2미터 깊이로 판 구멍에 세웠다. 구멍을 다 팠을 즈음 우리 손바닥은 물집이 잡혀 달 표면처럼 너덜너덜할 정도였다. 새로 생겨 살집이 물렁하거나 물이 차고 볼록해진 물집부터 굳은살로 변해 버린 물집도 있었다. 지금도 내 손바닥에 있는 굳은살 중 일부는 아마도 이때 생기지 않았나 싶다.

땅이 경사진 탓에 뒤에 놓인 초석은 땅 표면에서 1.2미터나 솟아올랐다. 지상 노출 최대 허용치에 비해 정확히 두 배였다. 오두막이 바람 불 때마다 흔들리던 일도 그 탓인지 모르겠다. 땅 위로 돌출한 모양새 때문에 흔들림은 거의 일상이 되었다. 비유하자면 요람이 흔들리는 느낌 비슷했다. 오두막이 막 엎어질 것만 같다 해도 크게 다르지 않았을 것이다.

우리는 그 오두막에서 3년간 살면서 시설을 갖추어 나갔다. 수도를 깔아 찬물은 물론 황홀하게도 더운물까지 나왔다. 단열도 하고 태양광 패널도 한 쌍을 설치했다. 태양광 시설 덕에 전구 세 개를 밝히고 라디오와 노트북 컴퓨터도 사용할 수 있었다. 비록 모든 전기시설을 한꺼번에 돌릴 수 없고 일조량이 풍부하지 않으면 연속해서 두 시간을 쓸 수도 없었지만 만족스러웠다. 우리는 다락방 구조로 된 실내 거친 바닥에 이부자리를 깔고 지냈다. 이 다락방에 닿으려면 알루미늄 사다리를 올라가야 했다. 친구 하나는 사다리를 내려가다가 사다리가 밀리는 바람에 간신히 손끝으로 다락방 모서리에 매달렸다. 용기를 내서 무사히 뛰어내리기는 했지만 그 후에 우리는 사다리에 미끄럼 방지 장치를 달았다.

이렇게 불편한 점이 한두 가지가 아니었지만 우리는 그 작은 오두막이 좋았다. 아직 단열도 안 돼 있고 수도 시설도 설치하지 않았을 때 우리는 입주했다. 그리고 입주하자마자 결혼식 초대장을 돌렸다. 초대장에는 새 집의 박공을 배경으로 2인용 자전거를 슬그머니 기대 세운 그림이 들어 있다. 소박하게 흑백으로 그린 그림을 보면 그 크기와 구조에서 특별히 **적절함**의 느낌이 전해진다. 마치 이 집이 세상에서 자기 분수를 알고 있다는 그런 기분이랄까. 마치 자기가 무엇이고 또 무엇은 아님을 알고 있으며 이런 사실에 안도하고 있는 것만 같다. 이상할지도 모르지만 그런 점을 배우고만 싶어진다.

물론 여기에는 특별히 애착이 있기 때문임을 안다. 손수 지은 집이기에 애정이 가는 것은 어쩔 수 없다. 칼로 마룻장 모서리를 깎다가 손을 베여 핏자국이 희미하게 남은 곳도 콕 집어낼 수 있다. 우리 집은 규모가 작았다. 조달해야 할 자재가 많지 않다 보니 우리는 집 짓는 일에 더 열심히 매달릴 수 있었다. 어떤 식으로든 우리의 손을 타지 않은 곳은 없다. 우리에게 뛰어난 기술이 있었기 때문은 아니다. 아주 초보적인 건축 경험만 있었을 뿐인데 그것도 일하던 현장에서 뒤죽박죽으로 배운 정도였다. 페니도 나도 숙련공의 경지에는 한참 미치지 못했다.

이제 몇 년 지나고 보니 우리가 집을 지은 과정은 여러 모로 핀과 라이를 교육하는 방식과 닮아 있음을 깨닫는다. 우리 둘 다 집 건축 기술을 제대로 배워 본 적이 없다. 그보다는 타고난 호기심을 따르고 임기응변으로 대처했다. 비록 예상보다 많기는 했지만 실수를 하리란 사실도 알았다. 실수란 어쩔 수 없이 하게 마련이고 따라서 피할 수도 없음을 알았다. 기술의 한계에 부딪히고 묘수가 떠오르지 않으면 친구나 전문가를 찾아 막힌 부분을 해결했다. 간단히 말하면 우리는 스스로에게 그런 일을 할 수 있다는 자신감을 불어넣었다. 간혹 그런 자신감이 가당찮은 것이거나 부풀려진 자존감을 드러내는 그런 유의 것일 수도 있지만 인간이라면 누구나 그런 자신감을 타고나게 마련이라고 믿는다. 다만 배움이라는 것을 삶과 동떨어진 것으로 생각하게 되면서 이런 자신감이 서서히 쇠하는 법이다.

2001년, 우리는 생활공간을 두 배 이상 늘리는 확장 공사를 시작했다. 이번에도 우리 부부가 주요 노동력이었다. 다만 건축을 하는 친구가 공사 작업을 총지휘했고 이 친구는 주말에는 부업으로 우리와 함께 일했다. 이즈음에 지역 은행에서 건축 자금을 대출했다. 그 돈으로 오두막을 초석에서 들어 올려 땅을 파고 기초 공사를 제대로 했다. 그해 여름과 가을, 초겨울은 확장 공사에 매달렸다. 첫아이의 임신 기간과 거의 정확히 맞아 떨어지는 기간이었다.

펀을 낳았어도 우리는 예상했던 만큼은 속도를 늦추지 않았다. 한 일주일 정도는 몸을 웅크리고 앉아 이루 말할 수 없는 기쁨에 젖고 이따금씩 찾아오는 불안에 빠지기도 했다. 부모의 지위에 새로 눈을 뜬 것이다. "숨소리가 원래 이랬나?", "체온이 너무 높은 거 아니야? 아니라고? 그럼 너무 낮은 거지, 그렇지?", "너무 오래 자는 것 같지 않아?", "잠은 충분한 거야?" 이 기간 동안 우리는 우리 땅을 떠나지 않았다. 땔감을 채우거나 암탉이 알을 낳았는지 보러 가거나 태양광 패널에 쌓인 눈을 쓸어 내릴 때만 집을 나왔다. 그때까지는 겨울이 되도록 눈이 거의 내리지 않았다. 그러나 핀이 태어난 다음 날 날씨가 갑작스레 변하더니 영영 그치지 않을 것 같은 기세로 눈이 내렸다. 매일 아침 일어나 보면 전날 밤에 내린 눈 위로 다시 발목 높이 정도로 새 눈이 쌓였다. 쌓인 눈 저 아래에 풀과 흙이 있었다. 앞으로 넉 달 동안은 보지 못할 것들이었다.

우리는 가족과 친지들이 가져다준 음식을 가리지 않고 먹으며 지냈다. 며칠 지나서는 집의 완공을 위해 쌓인 일을 다시 시작했다. 핀을 낳고 며칠이나 잠을 설쳤으면서도 우리는 무척 느긋한 기분이었다. 처음에는 예상하지 못했지만 집에서 출산을 하니 유익한 점이 엄청나다는 사실을 깨달았다. 짐을 꾸릴 필요도 없고 병원에서 나와야 할 일도 없었다. 집까지 운전하면서 갓난아이에게 안전띠를 채울 필요도 없었다. 우리는 이미 집에 있기 때문에 궁한 게 아무것도 없었다.

핀을 낳고 나서 우리는 이 집이 어떠해야 하는지, 우리와 어떤 관계여야 하는지 넓어진 시각으로 바라보게 되었다. 이것은 한편으로는 우리가 양육의 세계에 첫 발을 들이고 나서 마음이 움직인 것이 그 이유가 될 수 있다. 다른 한편으로는 핀을 낳기 전부터 우리의 생활 방식을 조정한 일도 영향을 끼쳤다. 나는 그 몇 해 전에 잡지에 글을 쓰며 전업 프리랜서로 전환했다. 간간이 여행하는 경우를 제외하고는 주로 집에서 일했다. 그래서 내 시간 활용에 있어서는 엄청난 융통성을 발휘할 수 있었다. 페니는 그 전해 가을까지는 유기농 야채 농장에서 현장 관리자로 일했다. 그래도 우리는 페니가 집에 상주하는 부모로 전환하도록 늘 계획을 세워 두었다. 드디어 페니도 항상 집에 있게 되었다. 이제 집에 상주할 수 있는 부모가 한 사람도 아니고 두 사람이나 되었다. 일정을 조정하느라 묘수를 짜낼 필요도 없고 페니의 업무 복귀로 인해 다급해질 일도 없었다. 아이를 보살피며 초조해 할 이유도, 일 나가느라 남의 손에 아이를 맡기며 걱정할 일도 없었다.

이제 이 모든 일을 경제적으로 어떻게 해결해 나가는지 설명할 차례다. 손쉽게 돈을 벌고 싶은 사람이라면 프리랜서로 글을 쓰는 일은 아무래도 목록에서 지우는 편이 낫다. 야채 농장 일도 마찬가지다. 사람들은 우리가 경제적으로 '덜' 넉넉하다면서 무슨 일을 하는지 정말 궁금해 한다. 대마초라도 재배하느냐고 묻기도 한다. 또 우리가 땅을 사 집을 짓고 집에서 일하며, 일을 다니던 페니가 집에 머무는 상황을 보며 다른 의심을 품기도 한다. 물려받은 재산이 있다거나 범죄 비슷한 일을 하는 건 아닌지 의심하는 사람도 있나 보다.

애석하게도 우리에게는 물려받은 재산이 없다. 버몬트 주에서 최고의 환금 작물로 대접받는 대마초를 재배하지도 않는다. 그 대신 우리는 기술 좋고 마음씨 좋은 친구들이 있어 큰 혜택을 입었다. 불편을 자발적으로 감수할 수 있는 마음가짐도 중요했다. 고난이나 역경이라 할 정도까지는 아니라 해도 우리가 견뎌 내는 불편은 우리 사회에서 흔히 겪는 그 이상이었다. 현대의 다른 제1세계 국가에 사는 사람이라면 누구라도 우리가 겪는 상황보다는 나았을 것이다. 우리는 땅 살 돈을 모으느라 시궁창 같은 셋집에서 살았고 친구들 소유의 땅에 텐트를 치고 살기도 했다. 그 조그만 삼각형 모양의 텐트에서는 수돗물을 쓸 수 없었지만 전기라는 사치를 누릴 수는 있었다. 어느 초라한 시골 판잣집에서는 전기와 수돗물을 원 없이 사용하기도 했다. 그렇다 해도 수돗물이 혹한의 기온에 꽁꽁 얼어 터지는 일도 잦았다. 그럴 때면 나는 헤어드라이어를 들고 비좁은 배관 통로에 들어가 문제의 수도관을 녹여야 했다.

일단 우리 땅에 들어오자, 다시 수돗물과 전기 없는 생활이 거의 일 년 간 이어졌다. 그러다 마침내 조촐한 태양광 발전 시설을 설치해 전기를 생산했다. 우리는 집 안에 물을 끌어오려고 발전기로 물펌프를 돌려 탱크에 물을 가득 채웠다. 그러고 나서야 수돗물을 찔끔찔끔 틀어 귀한 물을 아꼈다. 평소에는 시냇물이나 연못에서 목욕을 했다. 그러다가 본격적으로 겨울이 시작돼 씻기가 너무 고통스러워지는 때가 왔다. 그러면 화목난로에 물을 데워 오두막의 통풍이 잘되는 구석에 설치한 구식 욕조에 서서 몸을 씻었다.

확실히 페니와 내가 때를 잘 만난 덕도 있다. 그때는 땅값이 비교적 쌌던 시기였다. 또 투기꾼과 파렴치한 땅주인의 농간으로 땅값이 치솟기 전이었다. 땅을 샀지만 치밀하게 계산기 두드리며 내린 결정은 아니었다. 운이 좋게도 우리가 땅을 산 시기는 부동산 시장이 후끈 달아오르기 전이었다. 어쩌면 우리는 그 시절보다 10년 혹은 15년이 지난 후에도 땅을 살 수는 있었을 것이다. 그러나 그렇게 했었다가는 우리 삶에 막대한 영향을 끼칠 정도로 큰 빚을 졌으리라는 사실은 불을 보듯 뻔하다. 우리 삶을 자율적으로 꾸리게 해 주었다는 점에서 우리의 부채가 감당할 만한 정도였다는 것이 결정적이었음은 입이 닳도록 강조해도 부족하다. 이 자율성이 있기에 우리는 우리 먹거리를 키우는 데 필요한 자유 또한 누릴 수 있다. 마찬가지로 내가 글쓰기로 생계를 이어 가는 것도 이 자율성이 보장되기 때문이다. 페니도 그런 이유로 집에서 지낼 수 있다. 무엇보다도 우리가 핀과 라이에게 자기들 식으로 배울 수 있는 자유를 줄 수 있는 것도 이 자율성 때문이다.

　나는 오지랖 넓은 사람을 싫어하는 편이지만 부채에 대해서는 꼭 한마디 거들고 싶다. 빚이야말로 자기 삶을 맘대로 할 수 없게 만드는 가장 쉬운 방법이기 때문이다. 돈을 절대 빌려서는 안 된다는 말이 아니다. 빚이 있으면 자유로울 수 없다는 말도 아니다. 사실 우리 부부가 이런 삶을 살기까지는 빚을 얻은 덕도 있었다. 내가 정말 하고 싶은 말은 빚을 지더라도 빚의 엄청난 영향력을 온전히 알아야 한다는 사실이다. 빚은 사실상 삶의 모든 구석에 영향을 끼친다.

우리는 2008년에 마지막 담보 대출금을 갚았다. 이제 이 집은 완전히 우리 소유다. 물론 불완전한 구석도 함께 안고 산다. 우리 집에는 여전히 마무리 손길이 필요하다. 어쩌면 영원히 그런 상태일 것이다. 이제 이렇게 '적당한' 상태가 자가 건축에서는 흔히 감수하는 불편함이라는 사실도 이해가 된다. 우여곡절 끝에 우리 집은 애초에 상상한 모습보다 더 커졌다. 의도한 만큼 외풍을 단단히 차단하지도 못한다. 서툰 솜씨와 절약 정신 탓에 겨울바람은 작은 실수 하나 놓치지 않고 그 사이로 새어 들어온다. 내가 시공한 창틀은 직각에서 살짝 틀어져 틈이 생겼다. 게다가 홑유리 한 장만으로 1월 동장군이 거실에 들어오지 못하게 막는다. 비용을 아낀 탓이다.

그래도 좋다. 여기가 우리 집이다. 페니와 내가 결혼식을 올린 곳이다. 우리 아이들이 배 속에 들어와 세상으로 나온 곳이다. 견딜 수 없을 만큼 무더운 8월 어느 주말에 지붕을 얹었다. 지붕을 조이던 연장은 줄줄 흐르는 땀방울에 미끄러웠고, 타 들어가는 태양에 뒷목은 벌겋게 익고 살갗이 벗겨졌다. 바로 그 지붕 아래서 자연스럽게 죽음을 맞이할 수만 있다면 감히 입 밖에 낼 수 없을 정도로 크나큰 축복이리라. 입에 올리기라도 하면 간절히 기대하던 결과가 뒤바뀌기라도 할까 저어되는 그런 황송한 축복일 것이다.

내가 죽음을 내다보고 심지어 어디서 어떻게 죽음을 맞이하려는지 구체적인 소망까지 있으니 우울하게 들릴지도 모르겠다. 하지만 나는 그와 정반대임을 확신한다. 3년 전 친구 짐이 갑자기 죽었다. 풍력 발전기 설치를 도와주고 태양광 패널을 빌려주었으며 헤아릴 수 없이 많은 일을 도와준 친구다. 우리 집에서 이 친구의 흔적을 지우려면 허무는 일밖에 없다. 친구는 잠자던 중에 돌연 찾아온 심장마비로 세상을 떠났다. 갓난 쌍둥이 입양을 불과 2주 앞두고 있었다.

짐의 죽음을 겪고 나서 죽음에 대한 관점이 급격하게 바뀌었다. 이 친구의 가족이 치른 장례식이 흔치 않았기에 그 영향이 매우 컸다. 가족들은 친구의 시신을 침대에 뉘어 두고 3일 동안 방문을 열어 누구나 찾아볼 수 있도록 했다. 침대에 누워 있는 친구를 보던 순간이 떠오른다. 친구 부부가 살던 집까지 차를 몰고 가던 길에 갑자기 깜박이를 켜고 유턴 하려던 기억도 난다. 그때 나는 친구의 시신을 마주할 자신이 없었다.

짐의 아버님이 장례식을 도와달라고 부탁했을 때도 마찬가지였다. 짐의 시신을 입관해 계단을 내려와 문밖으로 옮겼다. 짐을 땅속에 누이고 그 위에 흙을 덮었다. 짐이 죽은 곳으로부터 불과 15미터 아래였다. 짐이 우리 부부를 도왔던 것처럼, 우리도 수년 전 짐을 도와 집의 골조 세우는 일을 도왔다. 바로 그곳으로부터 불과 15미터 아래에 소중한 친구를 묻었다. 한 삽 한 삽 흙을 덮으며 떠올린 것은 흙의 무게뿐이었으며 또한 친구가 그 아래 영원히 묻힌다는 생각뿐이었다. 그토록 사랑한 친구를 어찌 묻을 수 있을까? 그러나 친구를 그렇게 묻고 난 지금에 와서도 그렇게 말고 달리 무슨 방도가 있었을까 떠오르지 않는다.

친구의 죽음을 가까이 접하고 나서 내 죽음을 편하게 맞이할 수 있게 되었다고 한다면 이상한 일일까? 아니, 그렇지 않다. 죽음이란 고통스럽고 몹시 슬픈 경험이지만 매우 아름답고 은혜로운 일이기도 하기 때문이다. 입양을 2주 앞두고 마흔 셋의 나이에 죽는다면 참으로 억울한 일일 수도 있지만 그 부당한 느낌조차 자연이 들려주는 메시지의 일부이다. 친구에게 허락된 시간은 그를 사랑한 사람들이 기대한 시간보다 짧았지만, 짧게 허락된 삶이라는 그 고통스러운 사실조차 그와의 우정으로 입은 은혜를 줄이지는 못한다. 짐의 죽음조차 그가 내게 나눠 준 선물의 가치를 떨어뜨리지 못한다. 내게 선택할 수 있는 행운이 주어질 때 어떻게 삶을 마무리하고 싶은지에 대한 깨달음, 이것이 친구가 내게 준 선물이다.

우리 집 욕실 벽에 페니가 시 한 편을 붙여 놓았다. 그 시를 매일 읽지는 않지만 매일 눈에 들어온다. 굳이 읽지 않더라도 나는 그 시를 잘 안다. 페니가 그 시를 어떻게 알았는지는 모르지만 제프 비카트Jeff Bickart라는 사람이 쓴 시라는 사실은 안다. 시인은 흑색종으로 죽기 몇 달 전 이 시를 썼다. 마흔 여덟이라는 너무 이른 나이였다. 친구의 죽음과 함께 이 시를 읽으면 이 땅에서 내 삶을 어떻게 마무리해야 할지 알 것 같다. 또한 그런 이유 때문에 내가 어떻게 살아야 하는지도 알 것 같다.

끝

이곳에서 내가 더 갈 곳은 없다.

우리 아이들은 어쩌면 다른 일을 택하고,

이 땅도 다른 이의 손에 넘어갈지 모른다.

나는 여기 산비탈,

얕은 무덤에 누워,

오래된 돌에 묻혀,

오래된 땅 속에서 쉬고 있으리라.

이끼 낀 바위, 작은 언덕이 그 위를 감싸고

나의 뼈는 토양의 산도(酸度)를 누그러뜨리겠지.

소에게 묻다

머리 위로 양철 지붕을 두드리는 빗소리에 다시금 잠이 깼다. 양철 지붕을 얹으면 좋은 점이 여러 가지다. 눈이 쉽게 흘러내린다. 비용이 적게 들고 설치가 쉬우며 오래간다. 그래도 빗방울이 떨어지자마자 소리를 전달하는 능력에는 비할 바가 못 된다.

비가 쉬지 않고 내리고 있다. 어디를 가든지 첫 건초 작물이 그대로 서 있다. 전부는 아닐지라도 아주 많은 양이 크게 자라 줄기가 무성하다. 시시각각 맛도 떨어지고 있다. 농부들이 첫 건초 작업의 적기라고 여긴 시기가 꼬박 한 달 지났다. 적기라고 한 이유는 그 시기에 식물의 귀한 에너지가 씨앗 부위로 소비되지 않고 영양분이 최고로 올라오기 때문이다. 하지만 건초 작업에서 가장 기본적인 규칙 때문이기도 하다. 두 번째 건초를 거두려면 첫 건초를 거두어야 하며, 세 번째 건초를 거두려면 두 번째 건초를 거두어야 한다는 말이다. 요컨대 첫 건초의 질도 떨어질 뿐만 아니라 두 번째, 세 번째 건초가 땅에서 자랄 시간도 그만큼 부족해진다는 말이다.

우리는 머리끝부터 발끝까지 흠뻑 젖은 채 일을 마치고 돌아온다. 머리와 어깨는 내리는 비에 젖고 발과 종아리는 풀에 맺힌 비에 젖는다. 비를 머금은 풀은 날마다 손가락 마디만큼 자란다. 온 천지에 풀이 무성하며 생동의 기운이 흘러넘친다. 우리가 신은 장화 속까지 젖어 발이 축축해지고 쭈글쭈글해진다.

아이들은 큰비에도 기가 꺾이지 않는다. 오히려 비는 안중에도 없는 것처럼 보인다. 우리 아이들이 비에 보이는 반응이, 타고났다기보다 배워서 그리될 수 있다면 어디까지일지 새삼 궁금해진다. 비를 맞으며 노는 아이와 그렇지 않은 아이가 다른 단 한 가지 이유는 놀지 않는 아이는 비를 피하라고 가르쳤기 때문일까?

사람의 힘으로 어찌할 수 없는 자연의 힘을 두고 한탄하는 일이라면 나는 그다지 삼가는 자제력이 없다. 나와는 달리 그런 힘에 전적으로 의지하여 생계를 이어 가는 내가 아는 대부분의 농부도 마찬가지일 터이지만. 그런데도 이들은 불평을 하지 않는다. 기껏해야 이러저러하다는 언급이나 한숨 정도, 아쉬운 눈짓이나 어깨를 들썩이는 게 전부다. 하지만 불평은 없다. 불평이 많으면 기운을 축낸다. 불평은 상처 주기 쉽고 공허하게 하는 힘이다. 분노나 비난과도 다르지 않다. 불평은 지성과 영혼을 끌어올리는 데 아무 도움이 안 된다. 그러니 우리 자신에게 상처를 주어야 할 만큼 필요한 일이 아니라면 아껴 두는 게 상책이다.

이렇게 큰 비에도 우리는 배수가 잘 되는 땅에 살아 참 다행이라는 생각만 든다. 모든 게 흠뻑 젖어 있어도 우리 텃밭은 별 탈 없이 건강해 보이며 가축들도 평소처럼 꿋꿋하다. 소위 지도자라는 사람들보다 소가 인간 행동에 더 나은 본보기가 된다고 나는 오랫동안 믿어 왔다. 소는 주어진 것을 받아들이고 조용히 만족하며 살도록 설정된 동물이다. 풀을 뜯고 되새김하며 휴식을 취한다. 그러면서도 우유와 고기에 거름까지 베푼다. 소는 전쟁을 일으키지 않으며 색깔이 다르다고 차별하지도 편애하지도 않는다. 이름을 남기려 열망하지 않으며 자신의 흔적을 남기고자 애쓰지도 않는다. 오직 뜯다 만 풀과 김이 모락모락 나는 거름만 남길 뿐이다.

오래지 않아 비가 멈출 것이다. 추측컨대 오래지 않아 모두가 이야기를 나눌 것이다. 건초가 얼마나 말랐다느니, 세 번째 건초는 아예 거두지도 못할 거라느니 하고 말이다. 그러면 소들은 무엇을 할까? 비가 멈추지 않을 때도 그랬듯이 울타리에 줄지어 선 단풍나무 밑에 모여 있을 것이다. 여전히 풀을 뜯어 되새김하고 쉬면서. 나무란 그래서 좋다. 비, 태양, 눈, 무엇이든 가리지 않고 막아 주기 때문이다.

7

당장의 편리함을 내려놓아야

핀과 라이의 언스쿨링 초기의 일이다. 우리 부부는 아이들의 학습에 체계적인 집밖 활동을 어느 선까지 허용해야 하는지를 두고 갈등했다. 이 갈등의 적어도 일부는 우리의 어린 시절 경험에서 기인했다. 페니는 어려서부터 팀 스포츠에 참여했다. 아주 열정적으로 참여하다 보니 동시에 두 종류의 스포츠 팀에서 뛰기도 했다. 심지어 여러 차례 무릎 수술을 하고 회복 중일 때도 운동을 했다. 당연히 학교에 있지 않은 시간은 대부분 운동장이나 실내 체육관에서 뛰거나 물리 치료를 받으며 보냈다.

나는 뚱뚱해서 날렵하지도 않고 기술도 서툴렀다. 그런 모습을 드러내기 싫어했기 때문에 꼭 필요한 경우가 아니라면 운동에 끼지 않았다. 어린 시절 내 삶에서 팀 스포츠는 그다지 큰 비중이 없었다. 초등학교 시절 농구팀에서 뛰던 기억이 어렴풋이 떠오른다. 나는 우리

홈 그로운—아이들은 스스로 배운다

팀이 여유 있게 앞서거나 한참 뒤처져서 내가 들어가도 결과에 큰 영향을 끼치지 않는 경우에나 뛰곤 했다. 그렇더라도 내가 뛸 수 있는 시간은 고작 몇 분 정도였다. 내가 비록 팀 스포츠에 참여하는 일이 적었다고는 해도 반 아이들 대다수는 어떤 형태로든 과외 활동에 푹 빠져 지내는 걸 보면서 곧 이런 생활이 규범이나 마찬가지라는 사실을 깨달았다. 물론 과외 활동은 스포츠에만 국한되지 않았다. 연극, 무용, 토론, 승마, 스카우트 등은 물론이고 내가 미처 알지 못한 여러 활동이 있었다. 해가 지나면서 이제 이 목록은 더욱 늘어났다. 게다가 인터넷이 등장하면서 가상 동아리와 모임이라는 전혀 새로운 차원의 활동이 생겨났다.

아이들 교육을 두고 결정할 때 흔히 겪는 일이지만, 과외 활동 문화는 아이들 삶에 대한 우리 부부의 견해와 전혀 어울리지 않는다. 우리 아이들도 조직화된 활동을 삶의 일부로서 행하는 것이 당연시되는 나이가 되었다. 그러나 우리는 그로 인해 불가피한 부산한 삶에 휩쓸리고 싶지 않다. 결국 과외 활동에 대한 세간의 가정과 우리의 바람 사이에 벌어지는 간극이 우리 갈등의 주된 요인이 되었다.

"다른 활동을 좀 더 시키는 게 맞을까?" 어느 날 저녁 페니가 나에게 물었다. 핀이 어린이 야구단에 관심을 보이면서 이 문제가 화두에 올랐다. 핀은 정확성이 필요한 기술에는 늘 재능을 보였다. 활을 쏘면서 이런 능력을 처음 발휘하더니 야구에서도 그런 재주가 두드러졌다. 핀이 던진 공은 똑바로 세게 날아갔다. 그 공을 받으면 손바닥이 저릴 정도다. 핀은 팀 스포츠를 한 경험이 없지만 동네 야구장을 빈번히 지나쳤다. 봄이 되면 아이들이 모여 연습을 하거나 시합을 치르는 모습을 보아 왔다. 야구장을 지나칠 때 차창에 이마를 붙이고 바라보던 모습에서 호기심이 생겼음을 알아챌 수 있었다.

원칙적으로는 핀이 어린이 야구단에서 뛰는 걸 반대하지 않았다. 어느 해에는 1년 회원권을 끊으려고도 했다. 핀도 야구단 가입을 염두에 두고 남는 시간에는 건초 더미에 야구공을 던지며 지냈다. 결과적으로는 우리 동네에 아이들이 많지 않아 팀을 꾸리지 못했지만 페니와 나는 이 결과에 은근히 안심했다. 우리가 회비를 치르려 마음먹었을 때는 여간 불안한 게 아니었다. 그도 그럴 것이 조직 스포츠와 기타 과외 활동으로 가족생활이 심하게 망가진 경우를 보아 왔기 때문이다. 그들도 아이들을 집에서 교육시키는 처지였다. 요컨대, 우리에게는 그 홈스쿨링 가족들이 아이들을 학교에 보내는 가족들보다 훨씬 더 **바쁘게** 사는 것처럼 보였는데, 어쩌면 이것은 아이들이 교실에서 얻지 못하는 '기회'를 조금이라도 채워 주어야 한다는 의무감에서 비롯된 것이었을 터이다.

이들 가족이 과외 활동으로 겪는 여파를 느긋이 주시하다 보니 우리의 갈등도 서서히 풀려 나갔다. 우리가 아는 가족들은 거의 예외 없이 이런저런 활동으로 분주했다. 연습이나 수업 시간에 맞추려 저녁 식사를 허겁지겁 해치우거나 차에서도 식사를 했다. 주말에는 발표회나 시합이 잦았다. 어쩌다 마을에서 친구들을 만나 잘 지내는지 묻기라도 하면 그들의 대답은 한결같았다. "정말 바빠. 미친 듯이 바빠."

핀과 라이는 집에만 박혀 지내지 않았다. 이미 둘 다 음악 수업을 들었다. 핀은 일주일에 한 번씩 야생 활동 프로그램 종일반에 다녔으며, 라이는 월요일 아침마다 멘토인 에릭과 시간을 보냈다. 그렇더라도 또래 친구들 대부분과 비교해 보면 우리 아이들은 유독 시간이 넉넉한 편이었다. 늘 방학처럼 지낸다 해도 무방할 정도였다.

흥미롭게도 아이들은 더 많은 활동을 시켜 달라고 요구하지 않았다. 어린이 야구단 문제로 아슬아슬한 위기를 겪은 것도 핀이 직접 졸라서라기보다 우리 부부가 교육 초기에 가졌던 불안감이 초래한 사태였다. 이듬해 봄에 핀이 다시 어린이 야구단 가입을 원했지만 그 즈음에는 가족을 위해 어느 편이 더 좋은지 확신이 서 있었다. 핀의 요구를 거절하기보다는 어린이 야구단에 들어가면 어떤 일이 생기는지, 좋아하던 일들도 제쳐 두고 얼마나 시간을 뺏기는지 설명했다. 활을 쏘며 다람쥐 사냥할 시간도 사라지고 동생, 친구들과 놀 시간도 줄어든다고 설명했다. 핀이 야구단 가입을 접기로 결정해서 얼마나 안심이었던지 모른다.

아이답게 살아가는 일이 급격하게 실종되고 있다는 문제의식이 점점 번져가고 있다. 각종 프로그램과 시험뿐만 아니라 여가 활동이 그 자리를 채우고 있다. 이제 아이들의 삶은 이미 어른 세상을 장악한 디지털 화면 속으로 빨려 들어간다. 첨단 기계 문화가 아동기를 갉아먹고 있다. 예전에 '놀이'로 여기던 활동은 어른들의 관심과 시선 밖에서 일어났다. 아이들은 놀이 활동을 하며 자기들 세상의 규칙을 협상을 통해 만들어 냈고 부당하거나 만족스럽지 않은 부분을 해결할 줄도 알았다. 그런데 이런 활동이 어른이 감독하는 조직적이며 경쟁을 부추기는 시합에 가려 사라지고 있다. 결국 이제 아이들에게 '놀' 시간이 있기는 한 걸까?

피터 그레이는 저서 『언스쿨링』에서 참다운 놀이가 사라진 현실을 짚고 학교가 우리 사회에서 자율적 놀이 활동을 어떻게 없앴는지 설명한다. 여기에 내 경험을 덧붙이자면 홈스쿨러조차 학교 문화로 생긴 기대치에 따라야만 하는 상황이 흔히 벌어지고 이들 역시 놀이 활동에서 멀어진다.

학교를 중심으로 형성된 아동기 모델이 아이들의 시간을 점점 좌지우지하며 아이들의 삶 모든 구석에 파고들었다. 놀이터는 더 이상 아이들이 모여 자유롭게 노는 곳이 아니다. 이제는 어른이 주도하는 지도의 장소로 변했다. 이곳에서는 학교에서처럼 아이들을 나이에 따라 나눈다. 오늘날 가정에서는 학교 중심 모델을 은연중에 받아들여 교사 노릇을 하는 부모가 많다. 이들 부모는 '가르침의 계기'를 찾으며 교육용 완구를 산다. 아이들과 '놀고' 이야기할 때도 구체적인 수업을 염두에 둔다. 최근 들어 부모 자식 간의 상호작용에서 아이들이 불만과 무관심을 표출하는 현상은 이상할 것도 없다. 가정생활이 학교처럼 따분해지고 있기 때문이다.*

페니와 나는 한동안 핀과 라이를 어른 주도 활동에 등록시키라는 주위의 압력에 적극적으로 저항해야 할 필요가 있는 듯 느꼈다. 핀의 운동 능력과 활동성을 잘 아는 친지들은 무술 학원에 등록시켜보라고 권했다. 라이가 그림에 관심이 있다는 사실을 알고는 미술 과외를 권하기도 했다. 이들의 권고가 강압적이었던 경우는 없다. 우리가 저항해야 할 강압은 우리 내부에 있었으니, 우리 부부가 보낸 아동기에 형성된 이러저런 가정들이 그것이었다. 또 여기에 다른 이들은 모두 우리보다 많은 것을 하고 있다는 관찰과, 그리고 우리 아이들이 프로그램에 참여하면 좋아하리라는 선의의 권고도 무시할 수만은 없었다.

분명 어른 주도의 과외 활동이라고 모두 아이들에게 해가 되지는 않을 것이다. 어린이 야구단이든 야생 활동 수업이든 밴조 수업이든 무술 수업이든 아이들이 피해야 할 정도로 나쁜 활동은 아니다. 우리가 경계하는 것은 따로 있다. 이런 활동이 쌓이면 아이들이 자기 주도적으로 놀 시간을 빼앗긴다. 연습이네 시합이네 공연이네 하며 가족도 부산한 일정에 휩쓸린다. 우리는 이런 정신없는 상황을 두고 고민한 끝에 그것이 우리를 우리의 집과 집을 소중하게 여기는 마

---

* Gray, Peter. *Free to Learn: Why Unleashing the Instinct to Play Will Make Our Children Happier, More Self-Reliant, and Better Students for Life* (New York: Basic Books, 2013), p. 218.

음으로부터 멀어지게 할 수밖에 없다는 결론을 내렸다. 우리 가족을 산산조각내고, 우리도 '바쁘고' '정신없는' 소용돌이 속에 빨려 들어갈 정도의 파괴력이 있다고 생각했다. 그래서 우리는 여기에 저항할 가치가 있다고 판단했다.

이런 상황을 겪으며 나는 우리가 추구하는 언스쿨링이 직면한 주된 어려움이 무엇인지 되새겨 본다. 이 말은 또한 우리의 양육의 주된 어려움을 되새겨 본다는 말도 된다. 우리의 어려움은 그밖에도 많지만, 이 상황으로 인해 우리는 결코 쉬운 길을 선택하지 않았음을 하루하루 깨닫는 것이다.

쉽게 말하자면, 자기 시간 활용을 스스로 결정할 자유가 있기에 아이들은 권리의식을 키울 수 있다. 나는 이 이야기를 앞선 내용에서 다룬 적이 있다. 그러나 우리의 갈등 상당 부분이 여기서 비롯된다고 생각하고 싶기에 이 주제는 더 깊이 고찰할 가치가 있다. 요컨대 핀과 라이가 자기 시간을 관리하는 방법은 엄청나게 특별하다. 따라야 할 학교의 일과나 요구가 없는 환경에서 아이들은 자기 시간이 온전히 자기 것이라고 믿게 되었다. 자기들이 마음 쏟고 있는 일이라면 늘 벗어나려 애쓰는 것만도 아니다.

아이들에게 이런 권리의식이 있다고 해서 자기들이 맡은 일에서 면제되는 것은 당연히 아니다. 아이들은 가족의 안녕을 위해 자기 몫의 기여를 해야 한다는 사실을 아주 잘 안다. 자기들의 염소를 돌

봐야 한다는 사실도 아주 잘 안다. 일요일 아침에는 장작을 쪼개 쌓아 두고, 겨울이 오면 헛간에 쌓아 올린 그 장작을 한 아름씩 여러 차례 난로로 옮겨 와야 한다는 사실도 안다.

핀과 라이는 해야 할 일을 기꺼이 할 때도 있지만 그러지 않을 때도 있다. 일상적으로 관찰한 바로는 우리 아이들은 또래에 비하면 고분고분하지 않을 때가 더 잦다. 일부는 단지 아이들의 기질 탓인지도 모른다. 굉장히 열의가 높은데다가 고집 또한 보통이 아니어서 인내가 거의 바닥을 드러내기 직전까지 갈 때도 있다. 이렇게 인내를 시험하는 순간에는 이런 일이 그냥 일어난 게 아님을 되새기는 편이 도움이 된다. 아이들은 단지 자기주장을 내세우고 고집부리기로 마음먹어서 그런 게 아니다. 사실대로 말하자면 아이들은 우리에게서 배운 셈이다.

친구의 이야기를 듣고서야 아이들의 성격이 대물림했을지도 모른다는 생각이 들었다. 페니는 몇 년 전 아이들이 좀처럼 주장을 굽히지 않자 친구에게 하소연했다. "우리 애들은 좀처럼 내가 해 달라는 대로 안 해. 자기들이 하고 싶은 일만 하고 꼭 그래야만 하는 줄 안다니까."

페니의 친구는 바로 앞에 증거가 있는데도 못 알아볼 때처럼 놀랍다는 표정을 지으며 말했다. "너랑 벤이 딱 그래! 너희 부부도 둘이 하고 싶은 대로 살고 꼭 그래야만 하는 줄 알잖아."

페니의 친구가 감탄의 뜻으로 그런 말을 한 것인지 확실하지만은 않았다. 그러나 그녀의 의견 덕에 우리는 그동안 우리가 내린 많은 선택을 되돌아볼 수 있었다. 그 선택에 따라 우리가 바라는 대로 살아왔지만 다른 이에게는 불편하거나 그저 성가시기만 했던 선택들에 대해서. 우리는 둘 다 학교를 그만두고(페니는 대학을 자퇴했다) 정규 교육이 보장하는 안정된 삶을 포기했다. 그 대신 경제적으로 쪼들리지만 자기 주도적인 삶을 택했다. 아이들이 생기자 그 흔한 플라스틱 장난감이나 전자 제품 선물을 단호히 거절했다. 양가 부모님이 주신 선물도 마찬가지였다. 감사하게도 아이들 외가와 친가 모두 우리 제안을 태연히 받아들이셨다. 그러나 분명 속으로는 서운한 마음이 들었을 것이다. 부모님들은 지금도 아이들에게 선물을 주기 전에 먼저 동의를 구한다. 우리가 계속해서 확인시켜 드리듯이, 유용한 물건을 고르더라도 남아도는 경우가 있기 때문이다.

요컨대, 페니와 나는 우리 삶에 들어오는 외부의 영향력에 남다른 주의를 기울이고 있으며 시간 활용에 있어서는 더욱 각별하다. 까다롭다기보다는 신중하다 말하고 싶으나 둘 사이에 그리 큰 차이가 있어 보이지는 않는다. 내 말의 취지는 우리의 이런 태도가 바람직한가 여부를 따지기보다 우리 아이들의 노새 같은 고집이 어디서 왔는지 이해하자는 것이다. 종종 하잘것없어 보이는 일이더라도 아이에게는 중요하다는 사실을 인정하는 것도 그 고집의 배경을 아는 데 중요하다는 것을 잊지 말아야 한다. 마치 내가 하는 일이 내게 중요한 것처럼 아이가 하는 일은 자기 나름대로 중요한 것이다. 예를 들면 나무 쪼가리와 못으로 엉성하게 붙여 만든 장치일지라도 저희들 딴에는 중요한 일에 쓰려고 복잡하게 만든 장치라는 점을 이해해야 한다. 우리가 아이의 일에 끼어들어 이런저런 일 좀 거들어 달라 요청해도 된다 생각한다면 사실은 자기들의 최신 장치 제작을 거들어 주고픈 마음에서 그들더러 내 일에 끼어들게끔 못할 이유도 없는 셈이라는 것이다.

상황은 교육이란 길에 대해 우리가 내린 선택으로 더욱 복잡해진다. 우리는 아이들에게 시간 활용에 대해서는 큰 재량을 주었다. 또한 들은 내용에 대해서는 물음을 던져 보라고 북돋웠다. 이따금씩 아이들이 비협조적이거나 내 말을 액면 그대로 받아들이지 않아 속이 끓어오를 때 페니가 상기시켜 준다. 아이들은 우리에게도 문제 제기를 할 수 있는 법이라고. 비판적 사고를 강조한 점은 우리의 교육에서 가장 중요한 부분이다. 우리 사이의 갈등 대부분이 여기에 기인하고 있다 해도 어쩔 수 없다.

종종 언스쿨링 부모는 하는 일이 그다지 없다는 오해가 있다. 아이들을 마음대로 하게 내버려 두고 어른들은 자기 일을 한다는 오해다. 무어니 무어니 해도 언스쿨링은 수월한 일이라고도 한다. 우리 가족을 보면 전혀 얼토당토않은 말이다. 우리 가족에게 언스쿨링은 만만하다거나 편안한 일이 아니다. 엄청난 고민과 인내가 들어가는 일이며 일찍이 언급했듯이 늘 아이들 곁에 있어야 한다. 이 시대에는 아이들을 위해 인내하고 곁에 있어 주는 부모가 그다지 많지 않다. 단지 참고 곁에 있을 기회가 없다는 이유 때문이라고들 한다. 직장 때문에 그럴 수 없다고 한다. 아이들이 학교에 가야 해서 그럴 수 없다 한다. 방과 후 활동 때문에 그럴 수 없다 한다. 인내와 존재라는 것은 꾸준히 사용해서 강화해야 하는 근육과도 같다. 지금도 나는 그 사실을 깨우치고 있다. 이런 자질을 남들보다 더 혹은 덜 타고날 수도 있지만 완벽하게 갖추고 태어나는 사람은 없다. 나는 몇 번이고 다음과 같은 신세 한탄을 들어본 적이 있다. "나도 당신처럼 그러고 싶지만 그렇게까지 아이들하고 있기가 힘들어요. 그러다가는 서로 죽이려 들 거예요."

나도 그런 감정이 들기 때문에 충분히 이해한다. 페니도 마찬가지다. 비판적으로 생각하는 아이들의 부모 노릇 하기란 결코 호락호락하지 않다. 자기 시간에 대해 그토록 주인 의식이 강한 아이들의 부모 노릇하기란 결코 만만하지 않다. 더욱이 이 아이들에게 매일같이 농장 일을 같이 하자고 부추겨야 한다면 부모 노릇하기란 결코 수월하지 않다. 우리는 아이들이 어렸을 때부터 결단을 내렸다. 아이들이 우리 곁에서 함께 '일'을 할 수 있으려면 명령과 그로 인한 편리함은 접어 두자고 말이다. 그렇게 되기 위해 우리에게 요구되는 아이들에 대한 통제의 포기는 우리로서는 결코 상상도 할 수 없을 그런 것이었다.

이렇게 통제를 포기하다 보니 아이들이 배우는 과정에서 필연적

홈 그로운 — 아이들은 스스로 배운다

으로 실수와 혼란이 뒤따랐다. 아이들은 '잡초'라 생각하고 싹이 갓 돋아난 비트를 뽑기 일쑤였다. 외양간 벽 판자에 박은 못이 수없이 구부러지기도 했다. 때로는 일을 마치는 데 걸릴 시간에 대해서 그저 기대를 놓아야 할 때도 있었다. 무언가 생산하는 일에 어린아이들을 참여시키려면 정말 크나큰 인내가 필요하다. 또 기대한 만큼 '생산적'이지 않으리라는 현실도 겸허히 받아들여야 한다. 물론 생산적인 결과가 나오는 게 있다. 우리는 자신감 넘치고 솜씨 좋으며 현명한 아이를 생산하기 때문이다. 그러나 그런 결실을 얻으려면 꽤 멀리 내다보아야 한다. 안타깝게도 사람이란 멀리 내다볼 줄 아는 존재라는 생각이 들지 않는다. 적어도 요즘 시대에는 그렇다.

페니와 나의 삶이 가진 특별한 면면 때문에, 그리고 부부 둘 다 집에서 일을 하다 보니 핀과 라이 곁에 있어 주는 데서 생기는 어려움은 그냥 내버려 두고 키우는 일에 따르는 어려움만큼은 크지 않았다. 페니와 나는 늘 솜씨 있게 일을 처리한다. 간단히 말하자면 우리는 일에 손을 대면 끝마쳐야 직성이 풀리며, 과제를 모두 완수하는 과정에 어린아이들을 끌어들이는 것을 좋아한다. 그러면서도 목표보다 미달하는 일은 잘 없도록 한다. 우리는 늘 이런 식이다.

나는 여전히 조바심 날 때가 있지만 이제는 그다지 잦지 않다. 시간이 흐르면서 참을성도 늘었기 때문이다. 감사하는 마음이나 넓은 아량을 키우는 일과 다르지 않아서, 더디고 결코 끝나지도 않을 과정이다. 또 다른 이유로는 아이들의 능력이 커져서 이제는 집과 농장 일에 실질적으로 기여하기 때문이다. 이제는 실수로 비트를 뽑는 일도, 못을 구부리는 일도 없다. 아니 구부리는 횟수로 치자면 내가 더할 정도다. 못을 똑바로 박으려면 구부려 봐야 하는 법이다. 비트를 뽑지 않으려면 비트를 뽑아 봐야 하는 법이다.

자녀들과 같이 일하다가 일에 방해된다며 쫓아 버리는 부모를 보면 나는 늘 마음이 쓰인다. 한편으로는 그 심정이 이해되기도 하지만 그 근시안적인 행동에는 결코 지지를 보낼 수 없다. 머지않아 좋은 일꾼으로 자라기 전부터 아이들은 간절히 기여하고 싶어 하기 때문이다.

우리 모두와 마찬가지로 아이들은 필요한 존재가 되기를 바랄 뿐이다. 어른이 해야 할 일은 아이들이 정말 필요한 존재로 자라게 하는 것이다.

일상적인 집안일

우리는 집안일을 한다. 하루 두 번, 한 주 7일, 한 해 365일. 우리가 사는 곳에서는 남다를 것도 전혀 없는 일이다. 이웃들은 적어도 반백 년 이상 비슷한 일정을 지키며 살아왔다. 가끔 계산을 해본다. 날마다 두 번을 365번 곱하면 730번이고, 여기에 다시 50년을 곱하면 3만 6천 5백 번이다. 집안일 3만 6천 5백 차례. 헤아린다는 것이 거의 불가능해서 과연 내가 그 많은 시간을 감당할 수 있을까 의심이 든다. 하지만 그렇지는 않다.

집안일이 말 그대로 집안일에 그치는 경우도 있다. 물을 나르고 건초를 내리며 울타리를 두른다. 추워도 더워도 하며, 비 와도 가물어도 한다. 서둘러야 할 때도 있다. 때로는 명상이나 요가, 기도처럼 사람들이 수행이라 여기는 행위와 비슷하다는 생각이 들기도 한다. 무예 수련이나 악기 연습도 비슷할 수 있다. 나는 집안일을 이런 식으로 여기는 게 좋다. 그러면 집안일에 빠져들어 일과 하나가 될 수 있을 것 같다. 그렇지 않으면 그 의미를 좀처럼 알 수 없다.

집안일을 하자면 몸을 써야 하고, 사실 큰 기술이 필요하지는 않다. 그러나 감정과 직관이 따르며 예술적 감각을 동반하기도 한다. 특히 우리 집에서처럼 동물과 관련된 일이면 더욱 그렇다. 동물에 대한 감정이 없으면, 그들과 함께 살 수 없으며 관계를 만들 수 없다. 독특한 성격을 지닌 개별적 존재라는 생각도 할 수 없다. 우리 집 젖소 애플을 떠올리면 알 수 있다. 애플은 매일 아침 헛간으로 가는 길에 멈추어 고개를 비튼다. 그렇게 해서 가렵지만 쉽게 닿을 수 없는 부위에 혀를 댈 수 있다. 먼저 오른쪽으로 그다음 왼쪽으로, 다시 오른쪽으로 비튼다. 그러면 나는 가만히 서서 애플이 다시 움직일 때까지 기다리는 도리밖에 없다. 그동안 나는 늘 하던 대로 아래에 펼쳐진 골짜기를 바라본다. 골짜기는 보슬비가 내려 흐릿한 안개로 뒤덮일 때도 있고, 떠오르는 태양이 아름다운 빛을 뿜어 눈이 부실 때도 있다. 가려운 소 때문에 발이 묶인다. 하지만 크나큰 축복이란 때로 불편을 가장해 오기도 하는 법이다.

나는 거의 매일 아침 다섯 시에서 다섯 시 반 사이에 일어난다. 알람은 켜 놓지 않는다. 여름이면 이미 날이 밝았거나 거의 밝아 올 때라 곧장 밖으로 나선다. 가을이나 겨울에는 날이 밝으려면 아직 한 시간 이상은 더 있어야 한다. 그러면 나는 불을 지피고 커피를 내린다. 잠시 동안 앉아 있다가 몸이 완전히 깨어나기를 기다린다. 그 사

홈 그로운──아이들은 스스로 배운다

이 나머지 식구들도 천천히 일어나기 시작한다. 헛간에는 전기가 들어오지 않는다. 헤드램프를 써도 되지만 그보다는 길이 보일 때까지 하늘이 밝아지기를 기다리는 편이 더 좋다.

솔직히 말해 집안일이 내키지 않는 날도 있다. 그런 날이면 난로 곁에 좀 더 머물고 싶다. 장작 투입구를 활짝 열고 그 곁에 앉아 있다가 열기가 확 달아오르면 정신이 번쩍 들곤 한다. 어쨌든 나는 결국 집안일을 하러 나선다. 그렇더라도 꼭 일을 해야만 한다고 원망해 본 적은 결코 없다. 어느 정도는 순전히 몸을 쓰기 때문일 수도 있다. 느긋한 아침, 마치 보이지 않는 펌프가 끌어올린 물처럼 온 몸의 피가 정맥과 동맥, 모세 혈관을 타고 힘차게 흐른다. 20여 킬로그램 나가는 건초 더미를 옮기면 그런 피의 흐름을 느낀다. 5갤런들이 물통을 들고 언덕을 올라 젖소에게 줄 때도 느낀다. 땀 흘리며 하루를 맞이하고 작은 기여를 하며 단지 살아 있다는 사실에 감사하다 보면 어떤 솔직한 감정에 젖어든다. 사람들 모두에게 나처럼 작은 기여를 할 기회가 온다면 세상은 더 좋아지리라는 생각이 종종 들곤 한다. 하지만 이것도 주제넘은 생각임을 안다. 내 생각이 한쪽으로 쏠려 있음을 안다.

집안일에는 다른 측면도 있다. 집안일을 한다는 것은 간혹 책임이 존재하지 않는 것 같은 세상에서 책임을 다하는 것과 같다. 어떤 의미에서 보면, 집안일에는 우리가 보살피는 동물과 곡물에 대한 경의가 담겨 있다. 그들뿐만 아니라 우리 자신에게 한 무언의 약속을 이

행하는 일이다. 아무것도 당연히 여기지 않으리라는 약속이다. 우리는 우리가 상상조차 할 수 없는 더 큰 어떤 존재의 일부라는 사실을 단 하루만이라도 잊지 않겠다는 약속이다.

핀과 라이가 그들이 자신들보다 큰 어떤 존재의 일부임을 깨닫기를 간절히 바란다. 그들이 자연의 법칙을 규정하는 순환과 리듬에 의지하고 있고 그 순환과 리듬 안에 자신의 역할이 있음을 납득하기 바란다. 우리 삶은 그렇게 규정된다. 이런 이유로 우리 부부는 농장의 일상에 늘 의식처럼 아이들을 끼워 주었다. 날마다, 계절 따라 그 의식을 따랐다. 젖먹이일 때는 등에 업고 눈을 헤쳐 소에 물을 주거나 달걀을 모으러 다녔다. 걸음마를 시작하자, 아이들은 우리 손을 잡고 아장아장 걸어 다니며 일상에 들어왔다.

언급했다시피 아이들을 일에 참여시키다 보면 인내를 시험하는 일이 종종 벌어지곤 했다. 아이들의 서투른 일머리에 이를 악물고 참았다. 아이들을 옆으로 밀어내고 싶은 충동이 들 때도 있었다. 그때 아이들이 차라리 거들지 않았더라면 따뜻한 집 안으로 더 일찍 들어갈 수 있었을 것이다. 그때 차라리 혼자였다면 장작 쌓는 일을 더 빨리 마쳤을 것이다. 쌓아 올린 모습도 더 깔끔했을 것이다. 축사를 지나칠 때도 외벽 판자에 구부러진 채 박힌 못들을 보면 핀과 라이가 망치질을 하던 그날이 떠오른다. 아이들은 망치로 나무를 세 번 때리고 나서야 못대가리를 한 번 때렸다. 아이들을 멈추어 망치를 대신 잡고 싶은 마음이 굴뚝같았다. 그럴 때마다 페니가 나를 말렸다. "괜찮아. 그냥 축사일 뿐이야." 그렇다. 그냥 축사일 뿐이었다.

　이제 그런 경우는 거의 없다. 아이들은 하루를 맞이하며 자신이 맡은 책임을 온전히 완수한다. 염소에게 꼴을 먹이고 물을 준다. 우유를 짜고 용기에 담아 냉장고에 넣는다. 이제 아이들은 단순히 '돕는' 정도가 아니다. 날마다 철마다 우리 삶이 되어 버린 일에 실질적으로 참여한다. 겨울에는 장작을 패고 봄에는 작물을 심는다. 가을에는 수확을 한다. 돼지고기를 가공해 소시지와 베이컨을 만든다. 우리 부부가 아이들에게 도와달라고 강요하는 일은 없다. 아이들이 하려 들지 않을 때도 있지만 함께하는 경우가 더 잦다. 이제 그 이유를 알겠다. 천천히, 달이 가고 계절이 가고 몇 년이 지나면서 아이들에게 책임감이 생겼기 때문이다. 힘을 보탬으로써 우리 가족과 농장이 더 나아지리라는 사실을 알기 때문이다. 자기들이 도움이 되는 존재임을 알기 때문이다. 그리고 그 기분이 어떤지 알기 때문이다.

8

세상에 꼭 필요한 일

페니와 나는 몇 년 전부터 각자 아이 한 명씩 데리고 매주 나들이를 간다. 핀과 라이가 서로 떨어져 있으면 좋으리라는 생각이 들어서였다. 둘이 같이 보내는 시간은 엄청나다. 거의 매일 집안일을 같이하고, 하루 세 끼를 같이 먹는다. 들과 숲으로 함께 돌아다니며 시간을 보낸다. 형 친구, 동생 친구 구분이 없으니 마을 아이들과 놀더라도 좀처럼 떨어지는 시간이 없다.

아이들의 성격 차이는 아주 두드러진다. 페니와 나의 DNA가 섞여 완전히 다른 아이들이 나왔다고는 믿기지 않을 때가 가끔 있다. 핀은 아주 외향적이다. 시끌벅적하고 말도 많다. 에너지는 넘쳐서 방을 가득 채운다. 반면에 라이는 매우 내성적이다. 일단 조용해지면 오래 간다. 어찌도 이리 다를 수 있을까? 그렇다고 라이가 소란 떠는 일이 전혀 없다고는 할 수 없으나 대체로 에너지가 안을 향한다. 자

홈 그로운─아이들은 스스로 배운다

제하는 편이며 얌전하다. 핀도 몇 시간이고 앉아 책을 읽거나 냇가 바위에 앉아 낚싯줄을 드리우고 얌전히 있지 못하는 게 아니다. 그래도 핀이 활발히 움직일 때면 손대지 않은 듯해도 주위 물건이 온전히 남아나지 않는다.

아이들이 서로 거리를 두면 각자의 성향대로 지낼 수 있겠다는 판단이 섰다. 사실, 아이들은 서로 벗이 되어 주며 매우 편하게 지낸다. 이따금씩 다툼이 심하게 벌어지기도 하지만 서로를 격하게 아낀다. 그렇게 서로에게 헌신적인 모습은 정말 눈물겨울 정도다. 아이들은 예기치 못한 선물이라도 받으면 사이좋게 나누어야 한다는 무언의 협정을 맺은 것 같다. 명예를 걸고 지키기라도 하듯이 서로에게 매우 너그럽다. 라이가 아홉 살 생일을 맞이했을 때 일이다. 라이는 외삼촌에게서 송어 낚시용 미끼를 선물로 받았다. 라이가 경첩 달린 상자의 뚜껑을 열어 미끼들을 보는 순간, 핀의 얼굴에서 살짝 시샘 섞인 표정이 보였다. 라이도 그 모습을 본 모양이다. 라이가 손을 내밀고 말했다.

"형, 나랑 같이 쓰자. 이쪽 칸이 형 거고, 그 옆 칸이 내 거야."

핀이 야생 기술 수업에 갔다가 선생님으로부터 초코바를 하나 얻어 왔던 때도 떠오른다. 우리 가족에게 초콜릿은 흔히 먹을 수 있는 음식이 아니다. 어쩌다 먹는 정도라서 아이들은 초콜릿 하면 욕심을 부리게 마련이다. 하지만 핀은 뜻밖의 횡재를 독차지하기보다 수업을 마칠 때까지 주머니에 넣고 다니다가 집에 와서야 포장을 뜯었다. 그러고서는 우리 넷이 똑같이 먹을 수 있도록 네 조각으로 나누었다.

그렇다 해도, 아이들 관계 주위로 독특한 역학 관계가 형성되기 마련이다. 관계를 쌓는 인간이라면 모두 그럴 것이다. 또한 아이들의 관계가 아무리 끈끈하고 단단해도, 동시에 고유의 성격으로 인한 차이도 있다. 페니와 나는 녀석들이 서로 떨어져 지낼 만한 공간을 만들어야 할 것 같은 의무감이 들었다.

아이들 중 하나와 단 둘이 지내다 보면, 평소 주변 일상에 묻히거나 종잡을 수 없는 고집에 가려 볼 수 없었던 면모를 발견한다. 라이와 있으면 장난꾸러기 같은 미소가 눈에 들어온다. 이럴 때면 라이는 두 눈썹을 치켜세우면서 왼쪽 입가도 씰룩 올린다. 이제는 라이가 하는 말을 알아들으려 애쓰지 않아도 된다. 라이가 말을 처음 배우던 시절에는 r 발음을 거의 알아들을 수 없었으나 이제 발음도 좋아졌다. 핀보다 느리기는 하지만 유머감각이 다듬어져 이제는 때때로 통렬하기까지 하다. 나는 얼마간 라이의 유머에 마음이 놓인다. 왜냐하면 내가 꼭 그렇듯이 핀은 그다지 재미있지 않은데도 예의상 웃어야 하는 상황을 남발한다.

핀 : 더러운 농담 하나 들어 볼래요?

나 : (주저하며) 그래, 해봐.

핀 : 하얀 말이 진흙탕에 빠졌어요.

핀은 이런 식의 농담을 자주 한다. 이런 농담에 우리 넷 중 적어도 한 사람은 배꼽이 빠지도록 웃는다.

핀이 좋아하는 농담이 또 하나 있다.

"신이 세 사람에게 말했어요. 벼랑 끝에서 뛰어내리면서 뭐든지 소리 지르면 그 위로 떨어질 거라고 말이에요. 그래서 첫 번째 사람은 떨어지면서 '베개!'라고 외쳤어요. 두 번째 사람은 뛰어내리면서 '호수!'라고 외쳤어요. 마지막으로 세 번째 사람이 뛰려는데 돌부리에 발이 걸려서 '이런 똥 같은(crap)!' 하고 소리 질렀대요."

핀이 하는 농담은 때로 저속하게 들리기도 해서 유머감각을 제대로 알아볼 수 없다. 하지만 재치 있게 말재주를 부릴 때는 녀석의 감각이 잘 드러난다. 핀은 즉석에서 발음이 비슷한 단어들을 엮어 노랫말을 짓길 좋아한다. 그럴듯한 단어들이 연습 한 번 없이 혀를 타고 술술 흘러나온다. 핀이 열 살 때였다. 우리 가족은 저녁 식사로 돼지 갈비 요리인 포크찹을 앞에 두고 앉았다. 핀이 접시에 담긴 고기 조각을 보더니 흥얼거리는 목소리로 노랫말을 지어 냈다.

뉴욕의 멋진 아가씨들

돼지고기(pork)를 먹지, 포크(fork)로

캐벗 언덕의 시골 사람들

돼지고기를 먹지, 손으로.

핀은 자기의 말솜씨가 대견해서 혼자 낄낄거리고는 고기 조각을 맨손으로 집어 들고 먹기 시작했다.

일주일에 한 번. 페니와 내가 각각 한 아이와 짝을 이뤄 작은 모험을 시작한 일은 아이들에게도 인기 만점이었다. 조건은 딱 하나다. 아이들은 무엇이든 택할 수 있으나 돈이 들지 않고 장거리 차량 이동이 아니라야 한다. 보통은 집 근처로 나가는데 그중에 낚시가 인기 있다. 식용 버섯을 따거나, 주워 모은 재료로 간단한 발사 장치를 만드는 일도 아이들이 좋아한다. 때로는 아무것도 하지 않고 그저 소파에 누워 책을 읽어 달라고도 하지만, 아이들이 나이가 들면서는 점점 인기 없는 활동이 되고 말았다. 최근 들어서는, 머지않아 운전 교습을 시켜 달라고 떼쓸지도 모른다는 생각이 들기도 한다.

버몬트에서 가장 주름이 쪼글쪼글할 만큼 늙은 사람조차도 이 여름이 결코 끝나지 않으리라 믿을 정도로 맑은 날 아침이었다. 그날도 우리 넷은 둘씩 짝지어 나가기로 했다. 바깥에는 풀이 이슬을 듬뿍 머금은 데다 습기에 눌려 굽어지고 또 무성했다. 이른 시각 들판으로 나가 소들을 방목장으로 몰았을 때는 장화가 흠뻑 젖을 정도였다. 해는 일찌감치 솟아올라 뜨겁고 사나운 열기를 내뿜고 있었지만, 양말을 적신 물기에는 지난밤의 한기가 아직 남아 있었다.

핀은 엄마와 짝을 만들면서 무엇을 할지도 수월하게 정했다. 핀은 다람쥐를 사냥하고 싶었다. 최근에 다람쥐 고기로 파이를 만들어 자기 딴에는 괜찮았다고 생각했기 때문에 다시 한 번 만들어 볼 셈이었다. 사냥 도구를 챙기고서 핀과 페니는 숲을 향해 출발했다. 둘이 문을 나서려는데, 페니가 오래 된 부부 간에 주고받는 그런 표정을 지어 보였다. 말이 없어도 그 표정이 무슨 뜻인지 알 수 있었다. "다음에는 당신이 다람쥐 사냥하러 가!"

반면에 라이는 나와의 시간을 어떻게 보낼지 쉽게 정하지 못했다. 나는 예상 후보들을 꼽아 라이에게 제안해 보았다. 낚시, 숲 탐험, 트랙터 운전 교습. 아니요, 아니요, 아니요. 내가 하나씩 제안할 때마다 라이는 점점 더 조용해졌다. 이럴 때면 라이는 주장이 더 강하다. 핀은 우리가 부추기면 잘 따라온다. 반면에 라이는 한번 마음을 굳히면 완력을 쓰지 않는 한 움직일 도리가 없다. 잠시 후 나는 너무 많은 제안을 던져 실수했다는 사실을 깨달았다. 또 선택의 여지를 너무 많이 주었기 때문에 라이가 주눅 들었다는 사실도 깨달았다. '아니요'라는 라이의 대답은 내가 제안한 선택지에 대한 거절만큼이나 그로 인해 주눅 든 마음이 보낸 거부 반응이었다.

양육을 할 때 흔히 겪는 일이지만, 나는 으레 실수를 저지르고 몇 초가 지나서야 내 잘못을 깨달았다. 이제 내가 판 수렁에서 빠져나와야 했다. 나는 라이를 잘 알기에 이 위기를 잘 빠져나올 수 있을까 자신할 수 없었다. 그래도 지푸라기라도 잡는 심정으로 멜빈이 헛간에 건초 쌓는 일을 도우면 어떻겠냐고 물어보았다. 멜빈은 전날 밤 거의 아홉 시가 다 되도록 건초를 압축해 사각형의 베일로 만드는 작업을 했다. 그의 트랙터와 짐차는 몰려드는 어둠 속에 까만 그림자처럼 서 있었다. 건초는 여전히 그의 헛간 앞마당에 아무것도

세상에 꼭 필요한 일

덮지 않은 채 쌓여 있으리라는 사실도 알고 있었다. 날씨만 계속 좋다면 크게 문제될 게 없으나 오후에는 소나기 예보가 있었다. 건초에 덮개를 씌우지 않으면 건초 작업을 망치게 된다. 멜빈 혼자서라도 건초를 헛간 안에 들여놓는 일은 가능할 것이다. 하지만 사각형의 베일을 쌓는 일은 장작을 쌓거나 도랑을 파는 일처럼 누가 꼭 도와주어야만 하는 고된 일이었다.

뜻밖에도 라이가 동의하자 나는 너무너무 놀랐다. 나는 당연히 기색을 드러내지 않았고, 우리는 바로 문밖을 나서 멜빈네 목장으로 향했다. 나는 이제 다음에 벌어질 상황을 헤아려 보았다. 아침 일곱 시 반인데도 이미 숨 막힐 듯이 더웠고, 습한 공기가 망토처럼 우리 주위를 에워싼다. 해가 솟아오르면 멜빈의 헛간 다락은 더욱 찔 듯이 더울 테고 먼지와 건초 잡티가 숨을 들이쉴 때마다 폐 속을 가득 채울 것이다. 게다가 건초 베일 하나가 25킬로그램 정도나 나간다. 라이의 몸무게도 그쯤이다. 잠시 내 몸무게와 맞먹는 80킬로그램짜리 건초 더미를 옮긴다고 상상해 보니, 고된 모습이 그려졌다. 그러나 우리는 이미 이동 중이었고, 라이는 단순히 제안을 받아들인 것 이상으로 들떠 있었다. 나는 기적적으로 수렁에서 빠져나왔고 또 다른 수렁을 파지 않아도 되었다.

"내가 위층에 있어도 돼요?" 라이가 물었다. 건초 엘리베이터의 끝에 서서 건초를 받고 싶다는 뜻이었다. 건초 엘리베이터는 아래에서 건초 베일을 얹으면 헛간의 3층에 있는 건초 시렁까지 옮긴다. 이

곳은 건초 베일 만 개 이상을 쌓을 수 있을 정도로 널찍한 공간이다. 이처럼 큰 헛간의 건초 시렁에 있으면 대성당처럼 높이 치솟는 상승 감이 느껴진다. 마치 그곳에서는 성스러운 기운이 발산될 것 같다. 어떤 의미에서는 정말 그랬다.

어슬렁거리며 언덕을 약 800미터 정도 내려가자 멜빈이 보였다. 멜빈이 일주일에 하루도 빠짐없이 아침 7시 반에 그곳에 있다는 사실을 생각하면 그것은 그리 어려운 일이 아니었다. 그곳에서 멜빈은 소젖을 짠다. 커다란 홀스타인 젖소 옆에 웅크리고 앉아 한 손은 착유기의 고무 촉수를 소 젖꼭지에 붙이고, 다른 손으로는 소의 옆구리를 어루만진다. 우리가 도착하자 멜빈은 일흔을 바라보는 나이가 무색하게 재빨리 일어섰다.

"건초 베일 옮기러 왔어요." 내가 용건을 말했다. 나에 이어서 라이를 쳐다보는 멜빈의 얼굴에서 아주는 아니지만 살짝 주저하는 기색이 스쳤다. 한순간이나마 회의적인 구석이 어른거리다가 미묘하게 제자리로 돌아온다. 그러나 쉽게 불이 붙는 사람이라면 낙농업을 반세기나 유지하기 힘든 법이다. 멜빈은 기꺼이 건초를 나르러 온 일곱 살짜리 앞에서 마음의 평정을 잃을 마음은 전혀 없었다. 어쨌거나 한번 해보겠다는 의사가 있다는데 말이다.

몇 분 지나서, 우리는 짐차를 건초 엘리베이터의 꽁무니에 맞대어 놓았다. 라이는 낡은 나무 사다리를 타고 건초 다락으로 올라갔다. 라이가 요청하면 나는 짐차에 있던 건초 베일을 엘리베이터에 얹고,

그러면 라이가 헛간에 베일을 쌓기로 했다. 라이가 자기 몫의 일을 다 해낼 수 있을지에 대해서는 나도 사실 회의적이었다. 일하다가 건초 다락으로 지체 없이 올라가 산처럼 쌓인 건초 더미 속에서 라이를 끄집어내야 할지도 모른다는 생각이 들었다. 어쨌든 해보지도 않고 바랄 수는 없는 일이다. 그래서 멜빈이 다시 젖을 짜러 소들에게 향하자 나는 조심스럽게 엘리베이터의 전원 코드를 꽂았다. 덜커덕거리며 기계가 떨기 시작했다.

이윽고 우리는 리듬을 타듯이 일하기 시작했다. 나는 짐차에 쌓인 건초 더미에서 베일을 뽑아 엘리베이터 위에 얹었다. 철제 골격으로 된 엘리베이터에서는 금속 이빨이 긴 대열을 이루며 회전했다. 엘리베이터는 땅에서 3층의 건초 시렁까지 헛간에 기대어 비스듬하게 섰다. 서 있는 각이 완만하여 불안감을 느끼게는 하지만 생김새는 사다리와 흡사했다. 허공을 휘돌던 금속 이빨이 베일의 푹신한 바닥을 물고 위로, 위로 실어 나르다가 라이의 발치까지 올라가 풀썩 떨어뜨렸다. 그러면 라이는 베일을 묶은 줄을 잡고 힘껏 들어 올려서 자기 뒤의 건초 더미에 쌓아 올렸다. 기계 소음 때문에 서로의 소리가 들리지 않았으므로 라이와 나는 손짓을 주고받았다. 라이는 팔을 들어 올려 간청하듯이 손을 흔들었다. 처음에는 쉬엄쉬엄 하자는 줄 알았다. 그러다 손짓이 더 빨라지는 것을 보고서야 베일의 간격을 좀 더 좁혀 뜸 들이는 시간을 덜자는 뜻임을 알았다.

한 시간도 못 되어 짐차에 있던 베일을 거의 옮겼다. 멜빈도 우유 짜는 작업을 마치고 착유실에서 돌아왔다. 멜빈과 나는 라이가 쌓아둔 커다란 건초 더미로 가서 30여 미터 길이의 건초 다락을 따라 베일을 옮겼다. 그리고 헛간 뒷면의 박공벽에 베일을 말끔하게 쌓아 올렸다. 멜빈과 라이가 더미의 하단을 쌓고 셋 중 가장 키가 큰 내가 상단을 쌓았다. 얼굴에 땀방울이 송골송골 맺혔다. 일은 고됐으나 나쁘지 않았다. 조금 전까지 텅 비어 있던 공간을 건초 베일이 하나씩 메꾸고, 차곡차곡 건초가 쌓여 가면서 만족감도 커져 갔다.

헛간의 광대하고 탁 트인 공간에서 건초 더미는 하찮아 보였다. 멜빈이 키우는 많지 않은 젖소 무리에게 3일치 먹이에 불과한 양이었다. 소들이 일 년에 먹어 치우는 200일 분의 건초 중에 말이다. 그러자 세상에 꼭 필요한데도 사람들은 결코 알아채지 못하는 일에 마음이 쓰였다. 시리얼에 부어 먹는 우유나 커피에 타는 크림의 뒤에는 이처럼 사람들이 알지 못하는 노동이 있다.

우리 셋은 건초 시렁을 향해 트인 넓은 공간에 한동안 서 있었다. 그때 잠시 헛간의 쩍 벌어진 입구를 배경으로 한 우리의 실루엣을 아래에서 올려다볼 수 있다면 하고 바랐다. 지금 막 우리가 한 그런 일에 대해 조용히 감사하는 마음을 우리 아이들에게 불어넣고 싶었다. 그리고 그런 일에 자기 삶을 바치는 사람들에 감사하는 마음도 불어넣고 싶었다. 그런 일도, 사람도 이제는 드물다. 기껏 돈과 정보의 흐름에 불과한 것들 위에 구축된 기계화와 산업의 시대에 그런 일과 사람은 점점 드물어지고 있다.

멜빈의 기울어 가는 헛간에 쌓인 베일을 보고 있노라니 뿌듯함이 몰려왔다. 우리 셋을 제외하면 아무도 이해할 수 없고 볼 수도 없는 부(富)를 쌓아 올렸다. 그래도 젖소들은 알아주리라 생각했다. 나는 이 만족감을 어떻게든지 라이에게도 표현하고 싶었다. 그렇게 해서 정직한 노동 끝에 오는 위엄을 라이가 혹시라도 이해하기를 바랐다. 이름을 알 수 없는 사람들이 인정도 갈채도 받지 못한 채 세상에 꼭 필요한 일을 묵묵히 하고 있음을 알아주기 바랐다. 하지만 내 속마음을 어떻게 공감시켜야 할지 자신이 없었다. 게다가 우리 아이들은 내가 인정하는 것보다 훨씬 더 이해력이 크다는 사실을 나는 오래전에 깨달았다. 그저 말을 아끼는 게 최선이었다.

나는 우리 이웃 멜빈의 삶이 그리 수월치는 않음을 안다. 우리 가족은 15년 넘게 멜빈의 이웃으로 지내 왔다. 멜빈이 일하고 또 일하는 모습을 15년 넘게 보아 왔다. 멜빈의 재산을 어렴풋이 헤아려 보면 이렇다. 그가 온전히 생계를 의지하고 있는 땅과 바람이 숭숭 새는 오래된 시골집. 한겨울에 이 집 창문이 얼어붙지 않을 정도의 난방을 하려면 여나믄 짐 분량의 장작이 든다. 여기에 손댈 곳이 많아 재산이라기보다 빚에 가까운 헛간이 있다. 멜빈의 젖소에서 나오는 우유는 건초와 거름 작업에 드는 장비의 유지비를 충당할 정도다. 별로 더도 아니고 이 정도를 위해 멜빈은 하루 열두 시간, 꼬박 일주일 전부, 일 년에 52주 동안 일한다. 예순 여섯의 나이에도 불구하고 그에게는 일의 끝이 보이지 않는다. 끝을 보고 싶어 하지 않기 때문

홈 그로운—아이들은 스스로 배운다

이기도 하고, 그 끝이 보이면 차마 감당할 수 없기 때문이다. 멜빈은 힘이 붙어 있는 한은 계속 일할 것이다. 어쩌면 그의 육체가 더 이상 버텨 낼 수 없는 마지막 순간까지도 일을 할 것이다. 그것으로 족할 것이다. 그렇지 않을 까닭은 없을 것이다.

나는 멜빈이 자기 삶에 대해서는 감사해 하는 말 외에는 들어 본 적이 없다. 거의 20년이 되도록 그를 매일 보아 왔다. 수없이 많은 시간, 그의 헛간 앞마당에서 날씨며 정치며 젖소 이야기를 나누었다. 우리 둘 다 집이라 여기는 이 언덕 위의 삶에서 벌어지는 온갖 자잘한 일을 나누었다. 그러나 결코 단 한 번도 그가 가진 게 없다고 한탄하는 말을 들어 보지 못했다. 그의 앞날도 과거와 다르지 않을 것이라 해서 불평하는 소리도 들어 본 적 없다. 그가 아직 다하지 못한 일들이 남은 날보다 더 많다고 타령하는 소리도 들어 본 적 없다. 하긴 다하지 못할 일의 목록을 뽑아 보자면 어쩌면 그의 인생보다도 더 길 것이다.

"나는 내 꿈을 좇아 왔어." 언젠가 멜빈이 이렇게 말했다. 우리는 우유를 짜는 시간이 되어 그의 헛간에 서 있었다. 숙성한 건초와 거름의 향이 달콤하게 풍겨 왔고, 젖소들은 자기 차례를 기다리며 칸막이에 서서 뒤척였다. "나는 내가 하고 싶던 일을 해야만 했어." 그가 이런 말을 할 때 겨울철 그의 모습이 떠올랐다. 겨울이 되면 멜빈은 트랙터에 올라 목장을 가로지른다. 두껍게 쌓인 눈을 헤치고 숲으로 들어가 나무를 베고, 트랙터의 적재함을 채운다. 그 정도면 고작 하루 이틀 분량이다. 나무가 다 떨어지면 다시 숲으로 향하는 그의 모습을 볼 것이다. 그는 나를 보면 크게 팔을 흔들어 보인다. 늘 웃는 모습이다. 그의 집은 불이 꺼져 싸늘하게 식어 있거나, 전날 모아 온 장작 중 마지막 하나가 천천히 타 들어가고 있을 것이다. 그는 나무를 모으러 가던 길에 숲에서 발견한 것들을 자주 말해 주곤 했다. 숲속 동물이 지나간 흔적이라든지 눈보라가 몰아칠 때의 모습, 하늘에 파동이 치는가 싶더니 컴컴해지며 날씨가 변하는 모습 등이다.

살아오는 동안, 내게 가장 큰 가르침을 준 사람은 사실 많은 정보를 전해 주는 법이 없음을 몇 번이고 보아 왔다. 확실히 나는 멜빈 덕에 갖가지 요령과 비결을 터득하기는 했다. 대개 큰 동물을 다루거나 여러 가지 농장 일에 대한 것이다. 그러나 더욱 중요한 가르침은 그가 숲에 가다가 활짝 웃으며 손을 흔들 때 온다. 그는 그저 적당한 양의 장작만 모은다. 적어도 하루 정도만 집이 얼지 않게 버틸 정도의 양이다. 더욱 중요한 가르침 또 한 가지는 하루 일과 막바지에 헛간에 선 그의 모습에서 온다. 그는 쇠똥을 긁어 내는 괭이에 지친 듯이 의지해 자신이 하고 싶던 일을 해야만 했다고 말한다.

라이와 나는 마르고 있는 땀과 건초 부스러기를 뒤집어쓴 채 멜빈의 헛간을 떠났다. 멜빈이 우리에게 고맙다고 했다. 멜빈은 마음에도 없는 소리를 하는 사람이 아니기에 그 말이 진심임을 안다. 나는 베일을 옮기는 일이 힘들었는지, 그리고 피곤한지 라이에게 물었다.

하지만 라이는 그저 곁눈질로 쳐다보더니 입꼬리를 올려 슬쩍 웃어 보이며 어깨를 으쓱했다. 요즘 들어 라이의 이런 웃음에 점점 빠져든다.

그날 밤, 집안일과 저녁 식사, 그리고 독서까지 마치고 나서 라이가 자기 손을 보여 주었다. 손바닥은 물집이 잡혀 이미 터져 버렸다. 몇 군데 살갗이 떨어져 나가 그 작은 손바닥에 힘없이 들러붙은 모습이 마치 작은 깃발 같았다.

"재미있었어요." 그 말을 듣고 정말 '재미'있었는지, 아니면 보람 있었는지 확실히 묻고 싶은 생각이 잠시 스쳐 지나갔다. 어쩌면 둘의 차이를 자세히 설명하기에 좋은 기회라고 생각해서였는지 모른다.

다행히도 나는 설교를 늘어놓기 직전에 자제를 했다. 대신 그저 고개를 끄덕이기만 했다. "그래. 정말 그랬어."

그 말에 라이는 몸을 웅크리고는 너덜너덜한 손을 머리 밑에 괴고 잠이 들었다.

있는 그대로 내버려 두기

아이들이 숲속에 쉼터를 만들고 있다. 최근에 헛간 짓는 이웃을 도우러 갔다가 영감을 받은 모양이다. 헛간을 짓는 친구들은 20대 중반의 대학 동창 두 명이다. 이들은 회사 생활에 염증을 느껴 캐나다 국경에서 가까운 곳 30여 에이커의 땅으로 들어왔다. 이들은 작은 나무를 베어 뼈대를 만들고 양철 지붕을 얹었다. 그 구조물에 망으로 된 천막을 둘러 여름을 나고 있다. 천막은 시냇가의 불룩 솟아오른 땅에 있어서 흐르는 물소리와 망 틈으로 들어온 미풍을 느끼며 잠드는 상상이 절로 든다. 아이들은 그 구조물을 보자마자 상상의 불을 지폈다. 얼굴만 봐도 그런 쉼터를 만들고야 말겠다는 의지가 드러났다. 그렇게 마음먹기까지는 채 5초도 걸리지 않았고, 단 한 마디 말도 필요치 않았다.

다음 날 아침, 수탉 블러드가 목청을 다 풀기도 전이었다. 동편 하늘이 채 밝아 오기도 전에, 페니와 내가 여전히 아침 일을 하는 사이, 두 아이는 쉼터를 세우기에 적당한 터를 물색하러 숲 아래쪽으로 내려갔다. 아이들은 기둥 구멍을 파는 드릴, 톱, 건초 다발용 노끈을 챙겨 나갔다. 그렇게 기둥을 세워 줄로 엮어 낼 계획이었다.

아침을 먹으라고 부르자 아이들은 흙투성이에 나무껍질을 잔뜩 묻힌 채 돌아왔다. "기둥으로 쓸 나무를 거의 다 잘랐어요." 핀이 들떠 말했다. "그리고 땅에 구멍도 다 팠어요." 이번에는 라이가 끼어들었다. 아이들은 허겁지겁 아침밥을 먹고 나서 다시 숲속으로 들어갔다.

세 시간쯤 지나 라이가 왼손을 오른쪽 겨드랑이에 낀 채 슬그머니 들어왔다. "무슨 일이야?" 아이가 들어온 모양새며 조용한 상태로 보아 무슨 일이 있었는지 뻔히 보이는데도 나는 그냥 물어보았다. 다친 게 분명했다. "손을 베였어요." 라이는 조용히 말하면서 멀쩡한 손가락으로 구급약이 있는 서랍을 뒤졌다. 그 안에서 밴드와 연고를 찾고는 베인 손가락을 치료하기 시작했다. 나는 그쪽을 흘겨보지 않으려 애쓰면서 하던 설거지를 마저 했다.

두 시간쯤 지나자 핀이 주방문으로 쿵쿵거리며 들어오더니 곧장 구급약 서랍으로 향했다. "왜 그래?" 이번에도 무슨 일인지 빤히 알면서 물어봤다. 핀도 다쳤다. 망치로 엄지손가락을 내리쳐 손톱 밑으로 피가 줄줄 새어 나왔다. "망치에 엄지손가락을 찌었어요. 아우." 핀은 그렇게 말하면서 통증을 달래려고 위아래로 콩콩거리며 뛰었다. 그러더니 멀쩡한 손가락으로 응급약이 있는 서랍을 뒤져 밴드와 연고를 꺼내고는 다친 손가락을 치료하기 시작했다. 나는 이번에도 그쪽을 흘겨보지 않으려고 애쓰면서 점심 식사 준비를 마저 했다.

저녁 식사 시간이 다 되었을 즈음, 아이들은 더 이상의 참사 없이 쉼터에 든든한 뼈대를 세웠다. 목재가 교차하는 지점은 끈으로 칭칭 둘러 감았다. 단풍나무와 전나무 가지로 서까래를 만들어 마룻대와 연결한 후 지붕도 올렸다. 터 한쪽에는 땅을 파고 돌로 바람막이를 둘러 지핀 불이 쉬이 꺼지지 않게 했다. 이 모든 일을 마치는 동안, 아이들은 페니와 나에게 도움을 요청하지도, 받지도 않았다. 분명 우리 둘 중 한 명은 금속재 지붕 자르는 일을 도와주어야 했음에도 그러지 않았다. 그러나 이 쉼터는 온전히 아이들의 몫이다. 실수도 아이들의 몫이며, 지붕을 얼마의 간격으로 엮을지 두고 벌인 논쟁도 아이들의 몫이다. 모든 자재를 온전히 결합하고 나서 느낀 성취감도 아이들의 몫이다. 심지어 그 과정에서 생긴 상처와 치료도 온전히 아이들 몫이다.

나로서는 참 오랜 시간이 걸렸다. 모르기는 해도 예상보다 오래 걸렸다. 그러나 마침내 내버려 두는 법을 깨우치고 있는지도 모르겠다. 아이들이 톱질과 망치질을 해도, 서로 다투고 타협하다 소리 질러도, 일을 망쳐서 다시 시작하고 또 다시 망쳐도 내버려 두는 법을 말이다. 피 흘리고 스스로 지혈하도록 내버려 두는 법을, 불꽃처럼

홈 그로운─아이들은 스스로 배운다

떠오른 생각에 꽂혀 결실을 맺도록 놓아두는 일을 말이다.

우리 아이들이 내게서 제일 바라는 점이 있다면 무엇일까? 대답은 간단하다. 그냥 그대로 내버려 두는 것이다.

9

위험하면 책임감이 생긴다

6년 전 쯤, 우리 가족 네 명은 또 다른 이웃인 마사의 건초 작업을 돕기 시작했다. 마사는 여동생 린과 함께 작은 목장을 운영한다. 그 목장은 우리가 사는 곳 건너편 산등성이에 있다. 마사는 예순여섯의 나이가 무색하게 숱이 많은 흑발을 자랑하며, 노동을 위해 태어난 사람처럼 건강하다. 7월에도 플란넬 셔츠를 입고, 말아 올린 소매로 드러난 팔에는 핏줄과 근육이 도드라졌다. 마사의 모습을 보면 자거나 먹지도 않고 한 번에 수백 킬로미터를 날아가는 철새가 떠오른다. 마사는 먹는 것도 새와 같아서 이따금씩 소량의 칼로리만 섭취하고 여기에 카페인과 니코틴을 조금씩 보충하는 정도다. 같이 건초 작업을 할 때면, 마사는 먹는 것도 잊는다. 무얼 좀 먹는다 해도 커피나 콜라만 마시려고 해서, 내가 그녀의 손에 샌드위치를 쥐어 주고, "자, 마사. 이것 좀 들고 하세요."라고 당부해야 한다. 한때 그녀는 노르딕 스키 선수로 올림픽에도 출전했다. 마사의 운동 능력을 담당하는 유전자에 부실한 식사로도 버티는 기능 또한 있는 건 아닌가 싶다.

마사와의 건초 작업은 서로의 필요에서 비롯했다. 이런 품앗이는 시골에서는 이미 오랜 세월을 거쳐 자리 잡은 노동 방식이다. 마사에게는 일손이 부족했다. 20여 킬로그램 나가는 베일 수천 개가 베일러라는 기계에서 미끄러져 나오면 짐차에 던지고, 짐차에서는 베일을 받아 차곡차곡 쌓아 올려야 했다. 이때 서로 맞물리면서도 깔끔하게 쌓아야 무너지지 않는 법이다. 마사의 들판은 바다의 너울처럼 오르내림이 많기 때문에 안정적으로 베일을 쌓는 기술이 특히나 중요하다. 나는 짐차에 올라 두 다리를 크게 벌리고 단단히 버틴다. 앞뒤로, 위아래로 요동치는 짐차의 동작을 느끼노라면 촌사람이 땅에서 서핑을 하는 기분이다. 마사의 낡은 트랙터 브레이크가 좀처럼 말을 듣지 않기 때문에 흥분 수치도 한 단계 올라간다. 그러면서 장화 속 발가락에 힘을 꽉 주어 버텨야 한다. 이윽고 짐차가 들썩거리면 바퀴 밑으로 내동댕이쳐질 것 같아 결국엔 몸을 사리게 된다.

우리 가족이 원한 건 더 소박했다. 우리 집의 되새김동물에게 먹일 건초가 다였다. 젖소 여섯 마리, 비슷한 수의 양, 그리고 아이들이 키우는 염소가 우리의 작은 동물원에 살았다. 그렇게 양측의 이해가 맞아떨어진 셈인데 실제로 그런 거래가 오간 적은 없다. 그보다는 단순한 이치를 따라 일을 하다 보니 자체로 동력이 생겨났다고 하는 편이 낫겠다. 우리가 마사와 린을 거들어 그들의 헛간을 가득 채우면 그들의 가축은 온전히 겨울을 날 수 있었다. 그러면 우리도 헛간에 건초를 채울 수 있었다. 마사의 트랙터를 이용하는 대가로 연료비와 유지비를 겨우 몇 푼 보태기는 했지만, 우리가 그녀에게 지는 신세는 대부분 우리가 흘린 땀과 긴 하루 노동의 막바지에 찾아오는 약간의 메스꺼운 느낌으로 갚는 셈이었다.

우리가 마사와 건초 작업을 시작할 당시는 라이가 겨우 걸음마를 익힐 무렵이었다. 짐차가 가득 차서 옮겨야 할 때면, 우리는 아이들이 있는 작은 칸에 건초 몇 다발을 쌓아 주었다. 그러면 아이들은 거기에 앉아 몇 시간을 보냈다. 그러는 동안 우리는 들판을 가로질러 건초를 옮기고, 베일러를 움직여 들판에 늘어진 건초를 훑어 단단하게 압축해 묶었다. 그럴 때마다 기계가 부리는 재주는 늘 감탄을 자아냈다.

몇 해가 지나서 아이들이 신체 조건도 좋아지고 사리분별을 할 수 있을 정도로 크자 건초 작업에 따르는 책임감도 늘어났다. 아이들은 몸에 힘이 붙자 베일을 내리고 쌓으면서 자기 역량을 과시했다. 일 돌아가는 상황을 파악하고 위험한 기계의 특성을 충분히 파악하자 짐차에 오르내리는 일도 허락받았다. 작년에는 베일이 가득 쌓인 짐차를 헛간으로 끄느라 낡은 트랙터를 모는 법도 익혔다. 아이들이 트랙터를 몰아 막 건초를 베어 낸 들판을 가로지르면 페니와 나는 그 뒤 건초 더미에 올라 따라다녔다.

작년 여름, 당시 여덟 살이던 라이가 꼿꼿한 자세로 앉아 트랙터를 모는데 아이들이 처음으로 칼을 손에 넣던 때가 떠올랐다. 왜 그랬는지는 모르겠으나 아이들이 신중한 자세로 트랙터에 올라앉은 모습에서 칼을 다루며 앉아 있던 때가 떠올랐던 모양이다. 그때는 아이들 몸에 책임감이 따라붙으면서 아이들도 어떻게 해야 처신이 바른 것인지, 세상이 자기들을 어떻게 보는지 좀 더 아는 것만 같았다. 어쩌면 거꾸로 자기들이 세상을 어떻게 파악해야 하는지에 대한 각성도 커진 것 같았다.

아이들은 각자 네 살 무렵부터 자기 칼을 소지하기 시작했다. 네 살이면 숫돌로 예리하게 연마한 연장을 갖추어도 되는 마법의 나이라서가 아니다. 우리 가족에게 책임감이란 나이에 구애받지 않는다. 연장을 사용해 물건을 깎는 일은 우리 가족의 생활에서 제법 중요한 몫을 차지한다. 아이들은 일찌감치 칼을 접했고, 칼을 쓰는 일은 그저 중요한 집안일의 일부였을 뿐이다. 핀과 라이는 우리 부부가 일상적으로 칼 쓰는 모습을 아기 때부터 보아 왔다. 칼로 건초 다발의 끈을 자르고 나무 숟가락을 파거나 사과나무를 접목했다. 용도가 이렇다 보니 우리 가족에게 주머니칼이나 벨트 칼은 신기할 것도 없고 장신구 취급도 받지 못한다. 생필품이나 마찬가지다.

처음에는 칼날 잠금장치가 달린 주머니칼을 쥐어 주었다. 그러면서 우리 부부가 있는 데서만 칼을 사용한다는 조건을 달았다. 살과 힘줄을 가차 없이 벨 수도 있는 칼날의 속성을 생각해 나름 신중하게 내린 조치였다. 침착한 모습과는 거리가 멀어 보이는 큰아이를 보더라도 필요한 일이었다. 핀이 과연 안전하게 칼을 사용할 정도로 가만히 있지 못하는 몸을 진정시킬 수 있을까? 솔직히 페니와 나는 확신할 수 없었다. 우리는 그래서 응급용 밴드 한 통을 늘 가까운 곳에 놓아두었다.

칼을 쥐어 주면서 크게 우려할 만한 일은 생기지 않았다. 칼날이 위험하다는 생각 때문에 진지해지고 책임감도 생기면서 아이가 변하기 시작했다. 핀은 나무 하나를 깎기 시작하면 나무 부스러기가 수북하게 쌓일 정도로 조용히 오랜 시간을 앉아 있었다. 무언가를 만들려 하기보다는 사라지게 하려고 한다는 편이 맞았다. 호리호리한 나뭇가지도 일단 핀의 손에 들어가면 얇고 가느다란 섬유질에 가깝게 탈바꿈했다. 아이는 그 변화의 경험을 즐기는 것 같았다. 칼날이 슥슥 움직이고 나무 조각이 얇게 깎여 구부러질 때마다 핀은 날에 가하는 힘의 강약과 각도에 대해 조금씩 터득해 나갔다.

다른 부모의 반응을 보더라도 네 살배기의 연약한 손에 주머니칼을 쥐어 주는 일이 그리 마음 편한 일은 아님을 알 수 있다. 여덟 살짜리가 트랙터를 몬다는 사실에도 다들 똑같은 심정일 것이다. 우리는 연장을 안전하게 다루는 법을 알려 주었다. 쥐어 주기만 하고 나머지는 아이들이 다 알아서 하라고 내버려 둔 것은 아니었다. 그래도 오래지 않아 핀과 라이가 자기 연장을 스스로 다루고 관리할 수 있게 되었다. 물론 그 과정에서 칼에 베이기도 했다. 그렇더라도 어른인 내가 겨우 몇 달 전 베인 상처에 비하면 그리 깊지는 않다. 우리는 손이 쉽게 닿는 주방 가구 서랍에 항시 구급상자를 두고, 작은 상처가 나면 소독하고 치료하는 법도 알려 주었다.

우리는 아이를 어느 선까지 보호해야 할까? 나와 페니에게만 묻는 말이 아니다. 모든 부모에게 묻는 말이다. 가끔은 부모의 보호가 지나치거나 그 반대인 경우가 혼재한다는 생각이 들기도 한다. 또 어떤 일을 위험으로 여기고 수용할지 여부도 사회적 기준에 따르다 보니, '보호'한다는 명목으로 어떤 활동을 금하거나 도구도 사용하지 못하게 해서 아이들의 책임감과 자신감이 제대로 뻗어 나가지 못하게 한다. 이런 도구나 활동이 실제로는 책임감과 자신감을 길러 주는 경우가 많은데 말이다. 아이들의 가능성을 배려하지 못하는 그런 속임수는 당연히 위험하다. 그 위험성은 그것이 추상적 위험이라는 이유로 더욱 커진다. 피나 눈물, 골절처럼 확인할 수 없기 때문에 위험이 존재하지 않는 것처럼 보이게 하기가 쉽다. 결국 위험이 없는 것처럼 위장하다가 점점 곪아 터지고 만다.

진 리들로프Jean Liedloff는 『잃어버린 육아의 원형을 찾아서』The Continuum Concept라는 기념비적인 책에서 남미의 밀림에 사는 예콰나Yequana 족과 지내며 관찰한 내용을 자세히 설명했다. 처음에 리들로프는 이 부족 아이들이 접하는 위험의 정도에 깜짝 놀랐다. 아이들은 정글도와 칼을 다루고 지붕도 없는 야외 공간에서 불을 피워 밥을 지으며 민첩하게 강을 건너다녔다. 이런 위험에는 종종 부상이나 더 심각한 상황이 따르게 되어 있다. 그러나 예콰나 족과 2년 반을 지내면서 리들로프는 거의 그 반대 상황을 목격했다. 미국의 부모라면 대개 식겁할 만한 위험이 일상다반사인데도 이 부족에는 사고나 부상이 극히 드물었다.

결정적 요인은 책임의 자리매김인 듯하다. 서구 아이들의 경우에는 스스로를 돌보기 위한 행동 절차가 사용되는 경우가 드물다. 그 부담은 대개 어른 보호자가 떠맡기 마련이다. …… 그 결과는 당연히 효율 저하로 이어진다. 각자가 처한 환경을 당사자만큼 지속적으로 또는 빈틈없이 경계할 수 있는 사람은 없기 때문이다. 이것은 자연을 능가하고자 노력하는 또 다른 사례다. 지성에 통제받지 않는 기능을 불신하면서 지성의 힘으로 그 기능을 빼앗으려는 경우다. 하지만 지성은 적절한 정보를 빠짐없이 고려할 수 있는 능력이 없다.*

리들로프의 주장은 더없이 논리적이다. 아이에게서 책임감을 거두어 버리면 그 아이는 책임감이 줄어든다. 결국 아이는 책임감이 덜하기 때문에 신뢰받지 못한다. 한편 여기에 대한 지적인 반박 또한 그 논리에 있어서는 흠이 없다. 아이가 예리한 칼을 만지면 다칠 염려가 있기 때문에 잠재적인 위험에서 보호해야 한다. 트랙터는 매

---

* Liedloff, Jean, *The Continuum Concept: In Search of Happiness Lost* (Cambridge, MA: Perseus Books, 1975), p. 103.

우 크고 육중해서 아무리 작더라도 사고 가능성이 따라다닌다. 따라서 그 위험에서 아이를 보호해야 한다.

그러나 리들로프의 주장대로 인간의 지성으로는 파악하기 힘든 보호 기제를 아이가 이미 갖추었다면 어찌할 것인가? 더욱이 아이 스스로 제구실을 해낼 기회가 살을 베이는 위험도 감수할 만큼 값지다면 어찌할 것인가? 자신이 쓸모 있다는 생각, 신뢰받고 있다는 생각은 매우 강력한 힘을 발휘한다. 내 아이들이 마사의 트랙터에 앉았을 때 그들의 어린 몸에서 목도한 것이 바로 그것이 아닌가 싶다. 아이들이 칼을 갓 다루기 시작한 시절, 차분하게 집중하던 모습도 그렇다. 칼날을 펼쳐 들고 미약하게나마 존재감을 발산하던 모습도 그런 것이었는지 모른다.

이웃들과 함께 하는 건초 작업은 어느새 우리 가족의 의식이 되었다. 단풍나무 시럽을 졸이거나 장작 패는 일처럼 특정한 계절과 장소에 연결되는 작업이다. 그런 작업이 없는 삶을 상상하기 힘들 정도로 우리 가족에 밀접한 일이 되었다.

나는 이 일들을 핀과 라이와 관련된 맥락에서 생각해 본다. 아이들은 말 그대로 태어나면서부터 이 의식에 참여했다. 의식이라는 단어의 어감이 너무 강하다면 단지 필요에 의해 생긴 습관이라 해도 무방하다. 우리는 건초 작업을 한다. 그러지 않으면 동물들이 굶주리기 때문이다. 우리는 장작을 팬다. 그러지 않으면 추위에 떨기 때문이다. 무어라 불러도 상관없지만 아이들이 아기 때부터 접해 온 일들이기에 이런 것들이 그들에게 앞으로 어떤 영향을 끼칠지 궁금해진다. 또 이제껏 어떤 영향을 끼쳐 왔는지도 궁금해진다. 트랙터 운전을 배우던 라이의 표정이 떠오른다. 초조하던 얼굴이 이내 단호한 모습으로 변하기까지 그 미묘한 표정의 변화와 긴장은 오직 부모만 알아볼 수 있다. 마침내 클러치 조작을 익혀 트랙터가 움직이던 순간의 환한 미소며, 라이가 트랙터로 들판을 가로지를 때 코끝을 찌르던 건초 냄새가 기억에 선하다. 핀이 그토록 오랫동안 할 수 있다고 자신했던 일을 마침내 허락받은 순간도 떠오른다. 핀은 그렇게 신뢰를 얻어 훗날을 위해 가슴속 어딘가에 묻어 놓았으리라. 그 신뢰의 보고가 언제 어떤 모습으로 그에게 소용될지는 알 수 없다. 그러나 나는 저장해 둔 신뢰의 효과가 꼭 나타나리라 확신한다.

우리 가족은 마사와 린, 린의 남편인 로먼과 강한 유대를 형성해 왔다. 단순히 편의가 아닌 서로의 필요에 의해 맺은 유대다. 이렇게 상호 의존적인 관계는 요즘은 매우 드문 일이다. 한두 해 전 건초 작업을 하다가 마사가 낙심하던 때가 떠오른다. 장비가 고장 나고 비가 내리는데다가 여러 문제가 한꺼번에 터졌다. 주위 농부들은 전부 최신 설비를 들여 우리보다 적어도 열 배는 빨리 건초 작업을 마치는데 이게 얼마나 웃기는 짓이냐고 마사가 한탄을 했다. 그때 페니가 이렇게 말했다. "마사 말이 맞아요. 다른 사람들이 훨씬 효율적이긴 하죠. 하지만 그들은 작업하는 내내 트랙터에 혼자 앉아 있을 뿐이에요." 이 말에 마사의 눈에는 생기가 돌고 굳어 있던 얼굴도 풀렸다.

언젠가는 우리 이웃과 더 이상 건초 작업을 할 수 없는 날도 올 것이다. 멜빈이 일을 그만두고 우리 아이들이 자라며 가을 막바지에 겨울이 오듯이 결코 피할 수 없다. 죽음만큼이나 불가피한 일이다. 그래도 당장은 들판과 헛간에 쏟는 노력으로 얻는 것이 있으니 나는 호사를 누리는 것이나 다름없다. 건초는 저절로 생기지 않는다. 고된 노동을 쏟아부어야 한다. 땀이 쏟아지는 것은 물론이고 등이 쑤시며 허연 팔뚝에는 건초 자국이 선명하게 남는다. 그런 노력을 쏟아붓는 대가로 받는 선물인 것이다.

내가 건초 작업에 그토록 끌리는 것은 바로 이런 속성 때문일 것이다. 그 고된 노동의 대가는 아주 정직하고 확실하다. 그 소박함이란 허세 하나 없이 우아하다. 그래서 짐차에 올라 건초 밭을 지나가거나 건초를 헛간에 공들여 쌓은 후거나 그냥 풀밭에 앉아 미풍에 땀이 식어 허연 소금기가 남을 때면, 마치 그 우아함이 약간은 거칠게 내 몸을 쓰다듬고 있는 느낌이 찾아오는 순간들이 있다.

"잘 들어 봐, 얘들아. 이제 곧 너희들이 이 작업을 책임질 테니까." 베일러에 노끈을 보충하느라 작업을 멈춘 사이 마사가 핀과 라이에게 설명한다. 마사는 진심으로 하는 말이지만 아이들의 표정에는 회의가 가득하다. 아이들의 반응을 탓할 수도 없는 게, 베일러의 구조는 물론 여러 부속 장비와 결속 장치 등이 복잡해서 손을 자주 타기 때문이다. 기계의 산만한 덩치 또한 만만치 않다. 뒷바퀴 높이는 아이들 머리까지 오고 연소가 채 끝나지 않아 시커먼 배기가스를 내뿜는다. 마음먹기에 따라서 그런 일도 능히 해낼 수 있는 나이가 있으련만 아이들은 아직 그런 나이가 아니다. 그러나 아이들도 인간인지라 결국 그 나이에 이를 것이며 마사는 그 사실을 알고 있다. 마사는 자신이 언젠가 죽어야 할 운명이라는 사실도 안다. 먹지 않고 수백 킬로미터를 나는 새조차 결국은 지치는 법이다. 언젠가 우리가 그녀의 흔들의자를 짐차에 묶어야 할 거라며 마사는 농담처럼 말한다. 우리가 한 손에 불붙인 카멜 담배를, 다른 손에 확성기를 꽂을 것이며 그러면 그녀가 들판을 종횡무진 누비면서 큰 소리로 이런저런 지시를 내릴 수 있을 거라고 말한다. 쓴웃음을 짓지 않을 수 없는 것은 그녀가 하는 말은 농담이 아니기 때문이다.

요즘 농부들은 사각 베일을 이렇게 대량으로 만들지 않는다. 이 분야의 기술 용어를 빌려 설명하자면, 사각 베일의 전성기는 거의 두 세대 전에 끝났다. 사각 베일의 쇠퇴기를 추적해 보면 1965년에 다다른다. 당시는 버질 하버딩크라는 사람이 아이오와 주립 대학에서 석사 논문 주제를 연구하던 때였다. 하버딩크는 대학 내의 기계 조립장에서 겨울을 보낸 끝에 투박한 기계를 하나 완성했다. 그것이 오늘날 최초의 원형 베일러로 알려진 장치였다.

하버딩크의 기계로 만드는 원형 베일 하나는 사각 베일 열다섯 개의 크기였다. 게다가 영리하게도 수분이 빠지도록 고안했다. 압축한

홈 그로운—아이들은 스스로 배운다

건초 덩어리 안으로 공기가 들어올 수도 없기 때문에, 그 안에 수분이 남아 있더라도 곰팡이가 피지 않고 발효를 일으킨다. 건초에 곰팡이가 나면 치명적이지만 발효된 건초는 되새김 동물의 입맛에 잘 맞는다. 이렇게 해서 농부는 꼴이 다 마르기도 전에 베일로 만들 수 있으니 건초를 만든다고 며칠씩이나 햇빛에 말릴 필요도 없다. 말 그대로 요즘 농부들은 하루 만에 건초를 만든다.

이제 현대식 원형 베일러는 여러 면에서 더 발전했다. 예전 같으면 '해 났을 때 건초를 만들라'*는 속담은 틀릴 게 하나 없는 말이었으나 이제 문장 자체의 의미는 퇴색했다. 이제 원형 베일러만 있으면 날씨가 제 아무리 변덕을 부려도 속 썩을 일이 없다. 다만 원형 베일은 무척 크고 무거워 사람의 힘으로 들어 올릴 수 없고 기계의 힘을 빌려야 한다. 습기 함량에 따라 차이가 있지만 대략 540여 킬로그램이나 나간다. 기계로 움직여야 하기 때문에 사람은 그저 앉아서 조작하는 일 말고는 딱히 힘쓸 일도 없다. 그 결과 농장 하나가 온 겨울을 나는 데 필요한 건초는 딱 한 사람의 힘으로 해결되며, 그 과정에서 풀 한 포기도 만질 필요가 없다.

이제껏 말한 내용으로 보면 원형 베일 작업은 사각 베일보다 빠르고 간편한데다가 힘도 훨씬 덜 든다. 게다가 북동부 지역에서 흔히 하는 방식처럼 원형 베일을 비닐로 감싸면 헛간에 들여놓지 않아도

---

* Make hay when the sun shines. 보통 이 말은 기회가 왔을 때 놓치지 말라는 뜻으로 쓰인다.—옮긴이

된다. 그렇기 때문에 이 기술이 순식간에 널리 보급된 이유도 그리 어렵지 않게 이해할 수 있다. 버몬트의 농지 어디를 가더라도 거대한 하얀 마시멜로 건초가 줄지어 늘어선 이유는 다 그 때문이다.

그러니 이치를 따지자면 원형 베일러를 사용해야 한다는 주장도 설득력이 있다. 우리도 겨울이 되면 원형 베일 몇 개를 젖소에게 먹인다는 사실도 실토해야겠다. 그래야 하버딩크에게도, 관련된 기술에게도 억울한 일이 아닐 터이다. 그저 트랙터로 원형 베일을 툭 떨구어 놓고 소들이 뜯게 놔두면 되니 얼마나 간편한 일인가. 그렇더라도 마음 한 구석이 늘 허전하고 혼란스러운 것은 어쩔 수 없다. 마치 아무 노력 없이 무언가를 거저 얻은 기분이 들어서 내가 하지 않은 그 모든 일에 대해 감사해야 할지, 그 모든 일을 하지 않아도 된다는 이유로 속아 넘어간 것은 아닌지 자신이 없다.

최근 들어 나는 어떤 순간들이 잠시 스쳐 지나가고 즉각적인 자국만 남김에도 불구하고 상당한 정도로 내 삶의 형태를 빚어 내고 있음을 이해하게 되었다. 출생과 죽음, 만남과 이별 같은 큼직한 사건들이 중요하다 해도 인간사에는 흔한 희로애락이다. 내가 느끼는 순간들은 작지만 내 존재의 샘물에 이는 파문이며, 내 삶의 소용돌이에 던져진 돌멩이와 같은 경험이다. 마치 마사가 거대한 짐승 위에 올라탄 정령처럼 저 커다란 녹색의 트랙터에 올라앉은 모습을 볼 때 찾아오는 경험이다. 50킬로그램도 채 나가지 않는 여성이 땀에 젖어

홈 그로운—아이들은 스스로 배운다

5톤이 훌쩍 넘는 기계에 올라 모두 4.5톤이 넘는 건초와 베일러, 짐차를 끈다. 그 순간 인간이란 존재를 두고 절로 경탄이 쏟아져 나온다. 좋건 나쁘건 이 모든 기계를 만들어 낸 인간이란 도대체 어떤 종(種)이란 말인가. 이 놀랍고도 무모한 마성의 **물건**을 만드는 인간은 과연 어떤 존재인가. 그러니까 9톤이 넘는 쇠와 고무, 건초와 하나의 사슬이 되어 그 맨 끝에서 들판을 끌려다니는 인간은 어떤 존재인가. 그 사슬의 지배자가 새의 골격과 개미의 근면함에 담배 피우는 올림픽 영웅이라니. 마치 내 존재의 표면에 작은 돌멩이가 떨어지는 느낌이다. 마치 내가 단지 샘물이 아니라 해변이 되어서 내게로 밀려오는 파도를 보는 것만 같다.

우리가 마사와 함께 건초 작업을 하는 들판은 고지대에 있다. 270도로 탁 트인 전경을 보고 있노라면 외지 사람도 버몬트에서 살고 싶은 마음이 간절해질 것이다. 버몬트의 흑파리나 해빙기 진흙탕, 버니 샌더스Bernie Sanders*의 정치 성향이 싫은 사람이라면 어쩔 수 없지만 말이다. 드물게나마 베일러에서 베일이 튀어나오지 않는 순간들에, 나는 이 경치를 둘러보며 내 삶의 하고많은 것들을 당연시하지 말자고 다짐한다. 그러다 하루 이틀 정도는 초심을 유지하며 지내지만 결국 예전 내 모습대로 돌아오고 만다. 그래도 매년 그 마음은 조금씩 늘어나 내가 마사의 나이 비슷해지면 늘 감사하는 마음

---

* 버몬트 주 상원의원이며 사회주의자로서 2016년 민주당의 대선 후보 경선에 뛰어들었다.—옮긴이

이 몸에 배어 있으리라는 희망은 여전히 유효하다.

나는 베일을 집어 던질 때 노래를 흥얼거린다. 건초 작업에 따르는 고된 육체노동이 유아기까지는 아니더라도 나를 소년시절로 내모는 모양이다. 나는 흥에 겨워 그 시절 즐겨 듣던 헤비메탈 음악을 흥얼거린다.

건초 작업을 하는 날이면 페니는 걸쭉한 밀크셰이크를 만들어 온다. 우리 넷은 낡은 트럭에 촘촘히 앉아 밀크셰이크를 마시며 집으로 돌아온다. 들판을 벗어나 자갈길을 내려올 때는 건초가 가득한 짐차가 압박하는 통에 브레이크를 자주 밟아야 한다. 지나치는 차들은 현명하게도 우리를 배려해 널찍이 자리를 내준다. 버몬트의 시골 사람이라면 익숙한 방식으로 모두가 핸들에 손을 얹은 채 손가락 두 개만 펴서 인사를 건넨다. 마치 스쳐 지나가는 관계도 연루되고 싶지 않다는 양 말이다. 건초 냄새와 가열된 브레이크 냄새, 페니가 음료에 썰어 넣은 민트 향이 뒤섞여 풍겨 온다. 그 음료에는 크림과 달걀, 단풍 시럽도 섞여 있다. 피부에 맺혀 흘러내렸다가 서서히 말라가는 땀내도 풍겨 온다. 땀내는 아직 불쾌할 정도는 아니다. 차가운 음료에 이가 시리고 나는 아직 하루가 끝나려면 멀었음을 깨닫는다. 짐차를 비우고 또다시 채워야 한다. 내일 해야 할 일은 더 많을 것이다.

그러나 집으로 돌아오기까지 10분 남짓한 시간에, 나는 고된 노동 뒤에만 오는 만족을 느낀다. 그리고 다가올 겨울을 미리 떠올려 본

홈 그로운—아이들은 스스로 배운다

다. 그때가 되면 나는 우리 헛간에 쌓아 둔 건초를 한 다발씩 꺼내며 지난여름의 기억도 얼어붙은 세상 밖으로 끄집어낼 것이다. 그러다 공교롭게도 건초 다발 한두 개를 알아볼지도 모른다. 베일러를 막 돌리기 시작할 때 건초가 부족해 유독 작게 나왔던 녀석일 수도 있다. 아니면 들판 가장자리의 단풍나무에서 떨어진 나뭇가지가 섞여 들어간 녀석일지도 모른다. 들판 북쪽을 지키는 나이 든 단풍나무들은 아주 오랜 세월동안 건초 작업을 지켜보아 왔다. 나는 그쪽 들판에서 나온 건초임을 알 수 있게 나뭇가지를 건초에 섞어 놓았었다.

눈 쌓인 헛간 앞에서도 그 다발을 들고 잠시 서서는 건초 작업하던 순간을 떠올릴 것이다. 나는 베일러에서 미끄러져 내려온 그 다발을 들어 올려 페니에게 혹은 아이들에게 전달한다. 그 사이 마사가 트랙터를 몰며 줄지어 늘어놓은 건초를 훑고 다니면 윤활유 냄새며 경유 냄새에 건초 냄새 뒤섞인 여름 공기가 은은하게 퍼진다. 시간 속에 얼어붙은 순간이 아니다. 오히려 물처럼 흘러 몇 주, 몇 달씩이나 여행하며 지난 건초 철과 다가올 건초 철의 대략 중간인 어느 1월 아침 6시에 내게로 다가온 순간이다.

이윽고 나는 언덕을 올라 목초지로 향한다. 꽁꽁 묶은 건초 다발을 풀어 헤쳐 울타리 너머로 던져 소들에게 아침식사를 내준다.

우리는 그냥 인간이다

아침 7시. 올 겨울 첫 큰 눈을 맞이하며 새로 지은 헛간 지붕에 올라와 있다. 본격적으로 눈보라가 몰아치기 전에 마지막 남은 양철 조각 몇 장을 붙이려고 한다. 이미 눈송이가 흩날리고 있다. 하던 일을 멈추고 주위를 살펴보니 젖소들이 눈에 들어온다. 아침을 먹느라 목을 길게 늘어뜨린 그들의 넓은 등판이 하얗게 뒤덮였다. 우리 애들도 보인다. 썰매를 들고 쌓인 눈을 헤치며 걷는다. 소리치는 모습을 보니 아마도 다투고 있거나, 아니면 그냥 소리를 지르다가 자기들의 목소리가 눈에 파묻히는 것을 깨닫고 있는 것인지도 모른다. 나도 소리를 질러 보지만 아이들에게는 들리지 않는 모양이다. 설마 들리더라도 들리는 것을 의식 못할 것이다. 아이들이 자라면서 내 존재감도 작아진다.

영하 9도다. 맨 손가락으로 못을 집었는데 몹시 시리다. 그래서 못

홈 그로운―아이들은 스스로 배운다

을 서너 개 박을 때마다 시린 손을 겨드랑이에 끼운다. 발밑에 있는 양철은 몹시 미끄러워서 두 번인가 지붕 가장자리까지 미끄러졌다. 지붕이 그리 높지 않기에 최악의 상황이 오더라도 그리 심각하지는 않을 것이다. 그래서 미끄러질 때의 짜릿함을 즐겨 본다. 하지만 너무 늦기 전에 멈춘다.

나는 늘 겨울이 좋았다. 오랫동안은 스키를 탈 수 있어서 좋아했다. 산자락을 활강하며 내 몸의 제어를 잠시 내려놓았다가 다시 회복하는 데서 오는 해방감을 만끽했다. 두 상태 사이의 보이지 않는 선을 수없이 넘나들면 내 몸이 어느 쪽에 가 있는지 거의 알지 못할 정도였다. 나는 여전히 그런 기분을 갈망한다. 그러나 계절을 즐기는 방법에도 변화가 찾아왔다. 아마도 나이 탓인가 보다. 어쩌면 아버지가 되었기 때문인지도, 또는 그냥 그렇게 되는 건지도 모르겠다. 이유야 어떻든 간에 몸 위에 눈이 쌓여도 불평 없이 서 있는 저 소들을 보면 알 것도 같다. 소들은 가만히 서 있다. 눈보라가 자기 위에 몰아쳐도 상관없다는 듯이.

언젠가 쌓인 눈의 무게를 버티지 못해 나뭇가지가 부러지는 장면을 본 적이 있다. 나뭇가지가 딱 하고 부러지는가 싶더니 쿵 떨어지는 소리가 들렸다. 결국 그 나뭇가지가 감당할 수 없는 마지막 한 송이가 된 그 한 송이 눈에 대한 생각을 어찌할 수 없었다. 마치 노인이 내쉬는 마지막 숨과도 같았다. 한 번의 숨이지만 그냥 한 번이 아닌 것이다. 마지막 한 번의 숨을 내쉬는 일이 없었다면 숨을 거두는 일을 피할 수도 있는 것일 테니까.

어리석게도 영하 9도의 아침에 눈보라를 맞으며 지붕을 놓고 있는 것도 그렇다. 게다가 안전하게 발 디딜 곳도 없다. 추운 게 당연하다. 맙소사, 당연히 고생스러울 것이며 어쩌면 눈보라가 지나갈 때까지 기다려야 했다. 내가 여기 올라온 것은 철저하게 부지런해서도 아니고 쓸데없이 용기를 과시하고 싶어서도 아니다. 실은 내게는 하루가 저물 때 다 못 마친 일의 분량을 기준으로 스스로를 평가하는 구석이 있는 것이다. 저 소들을 보면서 그리고 추위에 아랑곳없이 떠들썩한 아이들의 소리를 들으면서 힘이 솟는 기분을 느끼는 것이 내게는 가능한 것이다.

그러나 변함없는 광포한 겨울의 힘이 나를 달래고 단련하는 것도 사실이다. 그것을 뭐라 설명해야 할지 모르겠다. 나는 눈보라와 싸운다기보다는 거기에 묵묵히 따르는 편에 가깝고 세상에는 내가 통제할 수 없는 것이 너무도 많음을 단순하고 겸손하게 받아들인다. 소들은 그 사실을 안다. 어쩌면 나도 소들에게서 깨우쳤을지도 모른다. 아이들도 분명 알고 있으리라. 오래지 않아 잊어버릴 수도 있겠지만. 결국 아이들도 인간에 불과하니까.

홈 그로운—아이들은 스스로 배운다

10

배움에는 과목이 없다

10월도 막바지에 접어든 어느 날 아침이었다. 페니와 내가 이 땅을 처음 걷고 나서 만 열여섯 해가 되던 그날, 핀과 라이는 동이 트기도 전에 일어났다. 아이들은 서둘러 옷을 입었다. 구멍이 숭숭 뚫린 내복 위로 닳아 해진 스웨터를 걸쳤다. 숲과 들판을 헤매고 다녀 그 정기로 빳빳해진 바지에 두 다리를 쏙 집어넣었다. 잠결에 삐죽 선 머리에는 울 모자를 눌러쓰고 이제는 발이 커져 제법 딱 맞는 고무장화를 신었다. 그리고 아직 앳된 살이 남은 손에 가죽 장갑을 끼워 넣었다.

페니와 나는 창밖으로 아이들의 모습을 지켜봤다. 머리에 쓴 랜턴이 빛줄기를 내리꽂으며 길을 밝히는 가운데, 아이들은 미리 챙겨둔 등짐의 무게에 눌린 듯이 뒤뚱뒤뚱 걸어 나갔다. 아이들은 직접 짠 바구니를 메고 그 안에 도끼와 덫, 미끼를 챙겼다. 아이들은 철사

줄과 물도 잊지 않고 챙겼다. 우리 뒤에서는 장작난로가 달구어져 툭탁거리는 소리를 냈다. 달궈진 철의 냄새와 나무 연기가 섞여 특유의 매캐한 냄새도 같이 퍼졌다.

덫사냥 철이 시작되는 첫 날인 어제 핀과 라이는 하루의 거의 반을 쏟아 우리 땅과 멜빈네 땅을 돌아다니며 덫을 놓았다. 아이들은 이렇게 덫을 놓아 사향쥐, 밍크, 여우를 잡을 생각이었다. 시냇가 둔덕이나 울타리 기둥 밑동에도 놓고, 나무뿌리가 엉켜 생긴 틈에도 쑤셔 넣었다. 밤 기운이 듬성듬성 남아 있던 빛 자락을 완전히 뒤덮을 즈음에서야 아이들이 돌아왔다. 아이들은 저녁 식사를 마치고 무너지듯이 침대에 쓰러져, 하루 동안의 이야기를 고이 간직한 채 무의식의 세계로 빠져들었다.

우리 부부는 이제껏 핀과 라이가 덫 사냥꾼이 되리라고는 생각해 본 적이 없다. 그것은 마치 이 아이들이 미용이나 패스트푸드점 개업에 관심을 보일 거라는 상상만큼이나 뜬금없는 일이었다. 페니와 나는 덫을 놓지도 않을 뿐더러 주변에서 덫을 놓는 사람을 알지도 못한다. 우리에게 덫이란 거칠고 잔인한 도구였다. 우리는 모피에도 관심이 없어서, 동물의 몸을 마지막으로 감싼 외피 이상의 의미를 둔 적이 없다. 물론 우리는 도축하고 소비하지만 이것은 사냥과는 얼마간 다른 의미를 가진 듯했다. 우리가 키우는 가축들이 맞이하는 죽음은 순간에 일어나고 고통이 없었다. 또 그들이 살아가는 것의 의미는 그들이 어미의 배 속에서 잉태되는 첫날부터 암묵적인 동의가 있는 것이었다.

"이제 어쩌면 좋을까?" 페니가 내 의견을 물었다. 이제 아이들의 덫사냥에 대한 관심이 저절로 사라지지는 않으리라는 사실이 명백했다. 아이들은 두 해 전부터 덫에 관심을 보이기 시작했다. 그 열기가 사그라지기는커녕 점점 빠져들더니 이제는 완전히 마음을 뺏겼다. 우리는 아이들에게 염려되는 점을 말해 보았다. 덫이 잔인한 도구라는 사실도 말하고, 옷장 안에 면과 양모로 만든 옷이 가득하니 모피도 필요 없으며, 그들을 죽여서 얻는 고기도 우리에게는 필요가 없다고도 했다. 모피를 팔아 돈을 벌 필요도 없으며, 그렇게 돈을 모아 봐야 결국 모피로 허영심을 채우려는 사람들만 만족시킬 뿐이라고 설명했다. 안 된다는 말을 단호하게 한 적도 한두 번이 아니었다.

그러나 덫사냥에 대한 우리의 반대를 마주하고도 핀과 라이는 막무가내였다. 아이들은 책에서 본 갖가지 연장 사용법과 기술에 흠뻑 빠져들었다. 급기야 읽은 내용을 바탕으로 간단한 형태의 덫을 만드는가 싶더니 쥐잡이용 데드폴 트랩이나 토끼잡이용 4자 덫을 놓아 보였다. 그러는 한편, 덫사냥에 대한 진실을 밝힌다고 우리에게 설명을 늘어놓기도 했다. "날카로운 이빨이 달린 옛날 덫하고는 달라요." 핀은 우리에게 거듭 강조하고는 했다. 그러면서 요즘에 쓰는 덫이라면서 상처를 입히지 않거나, 고통 없이 즉사시키는 덫의 사진을 보여 주기도 했다.

그런 실랑이가 꼬박 3년간 이어졌다. 그러는 동안에도 아이들은 덫을 제작하고 다른 사냥 도구도 만들었다. 활과 화살은 물론 투창에, 북미 원주민들이 창을 효율적으로 던지려고 사용한 아틀라틀이라는 투창 발사기도 만들었다. 아이들이 그런 도구를 만드는 데 들인 공이며 재주는 이제 점점 무시하기 힘들 지경에 이르렀다.

핀이 여섯 살이 되던 무렵 그런 장비 중의 어떤 것이 효험을 보았다. 핀은 직접 만든 활과 화살을 가지고 단풍나무 가지에 있던 얼룩다람쥐를 쏘아 맞혔다. 첫 사냥감이었다. 페니와 나는 장난 삼아 동물을 죽이면 용납하지 않겠다는 말을 굳이 하지 않아도 되었다. 아이들은 진작부터 사냥한 동물은 함부로 버리지 않고 최대한 쓰임새를 찾아야 하는 법이라고 알고 있었다. 핀이 이제 진짜 다람쥐를 죽여 손에 넣었으니, 나는 아이가 태도를 바꾸지 않을까 은근히 기대했다. 그러나 아이는 사기가 올라 내가 지켜보는 앞에서 그 작은 동물의 가죽을 벗기기 시작했다. 그 모습을 보고 있자니 녀석이 이 순간을 기다리며, 사체 손질하는 과정을 머릿속으로 수도 없이 그려 봤으리라는 사실을 짐작할 수 있었다. 핀은 칼날을 놀려 사체를 가르고 손질하더니 어느 샌가 부드러운 황갈색 가죽을 잡아당겨 나무에 박고는 말리는 작업까지 마쳤다. 이어서 불구덩이를 파 불을 지피고는 그 작은 시체를 꼬챙이에 꿰어 굽기 시작했다. 이윽고 고기 익는 냄새가 공기를 타고 퍼졌다.

"아빠, 맛 좀 보세요." 고기가 제법 거뭇해졌다고 판단하자 핀은 간절한 마음으로 나의 시식을 권하며, 기름범벅이 된 손가락으로 고기 한 점을 찢어 내게 내밀었다. 다람쥐 고기의 지방으로 반들반들 윤이 나는 핀의 입술을 보고, 나는 움찔하지 않으려고 애를 썼다. 그래도 내 아들이 처음으로 사냥하여 잡은 것이었다. 내키지는 않더라도 한 입 먹어 주어야만 하는 상황이었다. 그나마 다행스럽게 작은 고기 한 조각을 손바닥에 받아서는 쓴 약을 받아먹는 기분으로 잽싸게 입 안에 털어 넣었다. 주저하며 씹는데 애매모호한 맛의 육질이 느껴졌다. 딱히 맛이 있지도, 그렇다고 맛이 아예 없지도 않았다. 그냥 고기였다. 그렇게 몇 번 씹다가 목구멍으로 넘기는데, 뱉어 내지 않고 그럭저럭 아버지로서의 임무를 마쳤다는 생각에 마음이 놓였다. 별 도리 없이 페니도 시식을 마치고 나자 남은 고기는 핀과 라이가 나누어 먹었다. 아이들은 마치 일등급 소고기라도 되는 양 뼈에 붙은 고기를 잘근잘근 뜯어 먹었다.

아이들은 분명 진지해 보였다. 아이들이 다람쥐 고기를 다 해치우는 모습을 보고 나서 페니와 나는 아이들의 진심을 더 이상 외면할 수는 없다고 생각했다. 그리고 덫사냥이 왜 그렇게 아이들의 마음을 끄는지도 알 것 같았다. 아이들은 단순히 놀이 삼아서가 아니라 자신들만의 고기와 가죽을 조달하고 싶었다. 그래서 사냥하고 싶은 마음이 그리도 간절했던 것이다. 보통 활 사냥은 믿기 어려울 정도로 어려워서 핀의 첫 사냥은 예외적이라 볼 수 있다. 활 사냥을 연달아 성공하기란 여간 어려운 일이 아닐 것이었다. 그렇다고 아이들이 총기를 다룰 만한 준비가 된 것도 아니었다. 아니 어쩌면 페니와 내가 그럴 만한 마음의 준비가 안 되었던 걸 수도 있다. 그러나 덫은 달랐다. 비교적 이용이 용이했으며, 아이들이 그토록 매달리는 모습을 보고 나서는 이런 열정은 무조건 막는다고 해결될 일이 아니라는 사실도 깨달았다. 상황이 이렇고 보니 우리 아이들의 덫사냥에 대한 욕구가 정말로 잘못된 것인지, 아니면 페니와 내가 덫사냥의 겉모습만 보고 판단한 나머지 놓친 부분은 없는지도 따져 봐야 했다. 우리에게 그러한 인식이 있다면 어디서 비롯되었을까? 경험으로 터득한 게 아님은 확실했다. 그게 다 무슨 의미가 있는 것인지 우리가 직접 경험하고 터득한 지식은 확실히 아무것도 없었다.

나중에서야 깨달은 사실이지만, 우리 아이들이 한 일은 다른 아이들도 똑같이 할 법한 일이었다. 그럼에도 불구하고 아이들의 사냥은 충격적이었고, 솔직히 말하자면 한동안은 이 충격으로 실망하지 않으려고 무진 애를 썼다. 아이들이 사냥과 덫에 보이는 열성은 어디에서 유래한 것일까? 페니와 나는 아니다. 아이들의 할머니 할아버지도 아니며, 아이들이 만나는 친구들도 그들의 부모도 아니다. 우리도 사냥을 하고 덫을 놓는 사람을 알기는 하지만 그들은 대개 우리의 생활권 밖에 살았다. 우리가 살아가는 문화에 그들이 직접 끼치는 영향도 없었고 그 사실에 대해서는 아쉬운 마음도 없었다. 우리는 아이들이 태어난 후부터 자연에 흠뻑 빠져 지내도록 했고, 그 몰입을 통해 우리가 세상에 품고 있는 특별한 경외감이 아이들에게도 채워지기를 기대했다. 그 경외감에는 활이나 총알은 물론 덫으로 가득한 등짐이 끼어들 여지는 없었다.

하지만 아이들은 늘 야생에 끌렸고, 그러다 보니 동물들이 필연적으로 죽는다는 것과 죽은 동물을 소비하는 일에도 끌렸다. 도시 아이들에게 200밀리리터짜리 두유 카푸치노가 그렇듯 자연스러운 일이었다. 핀과 라이는 자기들의 관심거리를 표현할 정도로 크고부터는 줄곧 야생 모험담에 매료되곤 했다. 그중 게리 폴슨Gary Paulsen의 『손도끼』Hatchet라는 책을 가장 좋아했다. 그 책은 경비행기 사고로 추락해 광활한 야생에 고립된 소년의 이야기다. 가진 것이라고는 손도끼 하나밖에 없는 상황에서 소년은 기지를 발휘해 살아남는다. 페니와 나는 그 책을 수도 없이 읽어 주었고 그럴 때마다 아이들은 우리 품에 쏙 끼어 들어와 책 내용에 넋을 잃고 빠져들었다. 아이들은 북미 원주민의 기술과 문화에 대한 책에도 관심을 기울였다. 책에는 북미 원주민이 자연을 깊이 경외하고 살며 그들이 동물의 생명을 거두는 행위에도 그런 자세가 전제되어 있다고 나와 있었다.

아이들은 점차 신체 능력을 갖추면서 생존 모험담을 현실로 옮기기 시작했다. 핀이 네 살이었을 때, 페니가 우리 앞마당과 바로 붙어 있는 숲에서 아이를 찾아냈다. 핀은 지하실에 설치한 쥐덫에서 죽은 쥐를 끄집어내 숲으로 가져가, 가죽을 벗기고 내장을 발라냈다. 핀의 표현을 빌리자면 '생가죽'은 벗겨 나무에 매달아 말렸고 그 옆으로는 자그만 '햄' 한 쌍이 나란히 걸려 있었다. 아이는 우리가 가축을 도축하고 손질하는 모습을 보아 왔기 때문에 그 과정도 익히 알고 있었다. 그렇더라도 단순한 모방이라기에는 뭔가 더 큰 동기가 있을 것만 같았다.

"얘가 어떻게 그런 짓을 할 생각을 했을까?"

내가 궁금해 묻자 페니도 그저 어깨를 으쓱해 보이며 말했다. "아무래도 얘 안에 뭔가 있는 것 같아."

이런 과정에도 불구하고 우리 부부는 이제 현실에서 아이들이 덫이며 무기를 다룬다는 사실에는 여전히 대비가 되어 있지 않았다. 그런 행위를 어떻게 받아들이고 우리 감정을 어떻게 정리해야 할지 아직 마음의 준비가 되어 있지 않았다. 아이들은 다시 한 번, 우리를 안일한 자리 밖으로 끌어내 배움과 비움의 시험대로 몰아가고 있었다. 페니가 에릭에게 이 문제를 털어놓았다. 에릭은 아이들의 야생 활동 멘토로 아이들에게 가장 큰 존경의 대상이었다. 우리는 아이들이 덫사냥을 한다는 얘기를 들으면 에릭도 깜짝 놀라 뭔가 조치를 취할 것이고, 그렇게 되면 골치 아픈 문제도 완전히 잠재울 수 있으리라 생각했다.

그런데, 아뿔싸! 이야기의 정확한 결말은 우리 바람대로는 아니었다. "실은 덫이 사냥보다 더 자비로운 방법이라고 여기는 사람들도 있어요. 동물이 상처 입은 채 달아날 확률이 더 적기 때문에 그렇답니다." 에릭은 이렇게 설명했다. 게다가 자기 친구 중에 퀘벡 북부 지역에 사는 크리 인디언에게서 기술을 전수 받아 덫사냥을 하는 사람이 있다고 소개시켜 주기까지 했다. 이 사람은 돈벌이 삼아 덫을 놓는 사람은 아니었다. 특별한 용도에 의해 동물을 잡아야 하는 경우에만 덫을 놓았으며 그렇게 해서 죽인 동물은 헛되이 버리는 부분 하나 없이 철저하게 쓰임새를 찾았다. 사향쥐를 잡게 되면 먹고 비버를 잡으면 꼬리까지 잘라 칼집을 만들었다. 그 당시 이 사람은 비버 가죽을 꿰매 조끼를 만들던 중이었다. 친절하고 생각이 깊었으며, 크리 인디언의 믿음처럼 덫으로 동물을 잡게 되더라도 그들과의 관계를 시작하는 것이라 여겼다. 우리 부부로서는 쉽게 납득할 수 없었지만 그는 덫을 놓아 명을 거둠으로써 동물에 한 발자국 가까워진다고 믿었다.

우리는 그렇게 해서 네이트와 연을 맺었다. 일련의 우연한 행운이 맞아떨어져 네이트가 우리와 함께 살 기회가 찾아왔다. 그는 자신이 기거하던 집에서 나와야 하는 상황이었고, 우리는 착유실 용도로 작고 조촐한 딴채를 최근에 완성했지만 막상 짓고 나니 건물은 휑하니 비어 있었다. 아이들은 착유실이 기숙형 판잣집으로 바뀌었다며 네이트의 궤짝이라는 별칭을 붙였다. 6월에 네이트가 도착한 직후였다. 그는 자신의 픽업트럭에 짐이며, 직접 제작한 온갖 물건을 한 가득 싣고 나타났다.

오래지 않아 알게 된 사실이지만, 그는 6년 전이던 서른 살에 자신이 담당하던 수많은 일에서 손을 뗐다. 야생의 삶에 필요한 기술을 익히며 자연과 더 깊은 관계를 맺는 일에 미련 없이 뛰어들었다. "내가 정말 중요한 일은 하나도 모르고 있다는 사실을 깨달았어요." 네이트는 그렇게 운을 떼며 자신이 새 삶을 시작한 계기를 설명했는데 나는 그 말이 무슨 뜻인지 바로 이해할 수 있었다. 현대 사회에는 그럴싸한 지식과 정보가 가득하다. 그러나 막상 정보나 지식을 사용하고자 할 때 그 쓰임새는 사람들이 그것에 부여하는 쓰임새의 범위를 뛰어넘지 못한다. 사람들은 삶의 근본에는 결코 미치지 못하는 물건들에 우선순위를 매겨 당장 손에 넣어야 한다고 여긴다. 자동차나 컴퓨터, 휴대전화가 그렇다. 그러나 음식과 물, 주거와 난방처럼 정작 삶에 가장 기본적인 조건을 스스로 갖추는 능력은 점점 사라져 버렸다.

지난 6년 동안, 네이트는 텐트나 오두막, 유목민의 이동식 주택인 유르트와 설동(雪洞) 등지에서 지내며 학교에서는 도저히 배울 수 없는 삶의 공부를 스스로 하며 살았다. 설피와 터보건 썰매를 만들고, 덫이나 엽총으로 야생 동물을 잡아 그 가죽으로 다양한 물품과 옷을 만들어 조달했다. 원주민의 기술을 배워 자작나무 껍질로 카누를 만드는 중이었고 단순한 형태이지만 나름대로 현악기를 만들어 튕길 줄도 알았다. 살면서 큰돈을 들이지 않았고 다가오는 겨울을 어디서 날지에 대해서도 크게 개의치 않는 눈치였다. 그렇더라도 네이트 궤짝은 엉성하게 덧댄 외벽 틈새로 바람이 숭숭 새어 들어왔기 때문에 거기서 겨울을 나지는 않을 게 분명했다.

어느 날 밤, 네이트가 우리와 지내기 시작한 지 얼마 되지 않았을 때 엄청난 폭풍우가 들이닥쳤다. 하늘이 시커매지더니 사방에 번개가 내리꽂히고, 사나운 바람이 이를 갈며 달려들었다. 페니와 나는 주방 여닫이문에 서서 폭풍우가 하늘을 휘젓는 광경을 바라봤다. 그 아우성 너머로 네이트가 퉁기는 현악기 소리가 들려왔다. 네이트는 그 작은 오두막에서 짙어 가는 어둠 속에 앉아 폭풍우와 협연을 펼쳤다. 우리는 억수같이 퍼붓는 비에도 아랑곳없이 문간에 섰다. 그리고는 나무가 바람에 몸을 비트는 장면을 지켜보며 네이트의 현을 타고 전해 오는 소리에 귀를 기울였다. 그러다 문득 네이트에게서 얻는 영감의 원천은 그가 익힌 기술이 아니라 자기 손으로 직접 삶을 이끄는 방식이라는 사실을 깨달았다. 그렇게 살려면 적잖은 용기가 필요하다. 주변에서 그런 삶의 방식에 폭넓은 지지를 보내지 않음에도 자기 신념을 지켜야 한다. 네이트라는 존재는 인간이 자신의 평소 생각보다 더 자유롭게 살 수도 있음을 상기시켜 주기에 충분했다. 그는 그야말로 살아 움직이는 표본이나 다름없었다.

당연하게도 아이들은 네이트가 곁에 있어 물 만난 물고기마냥 신이 났다. 아이들로서는 자기들이 그토록 갈망하던 지식을 전수해 줄 스승과 동거할 기회를 잡은 셈이다. 네이트는 우리의 보금자리에 함께하고부터 아이들과 금세 잘 어울렸다. 아이들은 네이트의 도움을 받아 각자 목공용 틀을 제작했다. 쐐기로 쪼갠 자작나무 몸통을 적당한 길이로 잘라 이 틀에 넣고, 네이트에게서 박피용 칼을 빌려 한 일주일가량은 시간이 날 때마다 나무를 깎고 다듬었다. 네이트를 따라 칠면조 사냥을 가거나 낚시를 했으며, 숲속으로 사라지더니 노련

한 사람만 볼 수 있다는 야생 동물의 흔적을 따라다니기도 했다.

이 지점에서 핀과 라이의 수렵에 얽힌 이야기는 그저 덫을 놓고 사냥을 하는 애초의 수준을 넘어서, 아이들이 어떻게 배우는가 하는 중요한 국면으로 들어선다. 이제 이야기의 주제는 멘토로 넘어왔다. 네이트처럼 아이들의 관심사를 거두고 넓은 아량을 베풀며, 자신의 시간과 지식을 아낌없이 쏟아붓는 멘토의 중요성은 실로 엄청나다. 우리 문화에서 멘토란 그저 부모에게서 건전하고 안정적인 롤모델 역할을 기대할 수 없는 아이들, 무언가 **결핍된** 아이들에게 적용되는 프로그램으로 그 의미가 축소된 듯하다. 그러나 아이들은 정도의 차이는 있지만 대개 충분하지 못한 환경에 놓여 있기 마련이다. 페니와 나도 늘 아이들 곁에 함께하고 주의를 기울이며 좋은 의도로 대하기는 한다. 하지만, 아이들에게는 덫에 대한 기술은 물론이고 그에 따르는 윤리의식을 통해 올바로 이끌어 줄 누군가가 필요했다. 자신들의 관심사와 본능을 인정해 주는 존재, 말 한마디마다 경험에서 우러나오는 권위가 있어 저절로 존중하게 되는 존재가 필요했다. 아이들이 부모를 늘 지혜의 샘으로 보지는 않는다는 현실을 보면 그 이유는 뚜렷해진다. 오래지 않아 아이들은 집에 모일 때마다 "네이트가 그랬어"라는 말을 입에 달고 살았다.

멘토라는 존재는 오늘날 어린 시절의 배움과 발달의 풍경을 건너 사라져 가고 있다. 달리 어쩔 수 있겠는가? 아이들에게 멘토 역할을 할 정도로 시간을 쏟을 수 있는 어른이 과연 얼마나 될까? 긴 학교생

홈 그로운─아이들은 스스로 배운다

활과 그 뒤로 이어지는 방과 후 활동, 숙제, 텔레비전, 휴대전화에 쏟는 시간을 감안하면 멘토의 가르침을 받을 시간이 아이들에게 과연 있기는 한 걸까?

한편, 우리 아이들이 얼마 동안 수렵에 탐닉했던 것을 통해 멘토링 이상의 또 다른 주제가 환기된다. 그 탐닉의 이야기는 아이가 자기의 열정에 따를 자유가 있으면 더 빨리 배운다는 사실을 짚어 주기 때문이다. 어쩌면 아이들이 거의 '애쓰지 않고도' 배운다고 할 수도 있겠으나 사실 꼭 그렇지는 않다. 그렇게 보이는 것일 뿐, 결코 애쓰지 않는다고 할 수는 없다. 우리 부부는 아이들이 수렵 허가 필수 과목인 안전자격 시험을 준비한다고, 장장 몇 시간 동안이나 공부하는 모습을 보고 깜짝 놀라기도 했다. 아이들은 몇 주에 걸쳐 주 정부가 제공한 예상 문제집에 몰두하며, 어린애들 특유의 서툴고 뭉툭한 글씨체로 예상 답안을 채워 나갔다. "어머머, 쟤들 좀 봐." 하루는 아이들이 탁자에 마주 앉아 각자의 문제집에 집중하는 모습을 보고 페니가 신기하다는 듯이 말했다. "시험에 합격하려고 쓸모없는 정보를 암기하는 요령도 터득하고 있네. 그저 교실에서나 볼 수 있는 일인데."

정말이지 문제집에는 쓸모없거나 식상한 정보가 **많았다**. 추운 겨울날에는 옷을 여러 겹 껴입어야 한다든지, 장전된 총의 총구를 들여다보면 안 된다는 사실 정도는 익히 알고 있는 두 아이에게는 당연히 그랬다. 그럼에도 불구하고 네이트로 인해 한층 수월해진 수렵에 대한 몰입을 통해 아이들은 엄청나고도 오래 지속되는 가치를 가진 많은 것들 또한 배우게 되었다.

아이들이 시험에 통과해 면허를 받고 난 지 얼마 후의 일이다. 페니와 나는 수렵에 대한 관심 때문에 아이들이 접근한 분야를 닥치는 대로 떠올려 목록을 만들어 보았다. 언스쿨링 교육이라는 관점에서 보면 이제 아이들은 진정으로 배우고자 하는 것이라면 능히 배우리라는 확신이 섰기 때문에, 순전한 호기심 이외의 다른 의도는 없었다. 사실 우리는 아이들의 배움을 개별 과목으로 구분 지을 필요를 느끼지 못했다. 그런 식의 과목 분류는 껍데기에 불과하다는 생각을 이미 오래 전부터 품고 있었다. 하지만, 핀과 라이의 자기 주도적 학습이 사회성이나 자제력 같은, 소위 '소프트 스킬'soft skills이 아니라 현대 교육의 분류 체계로도 적절히 이해와 설명이 될 수 있는 것인지 확인해 보는 것도 꽤 흥미로울 수 있겠다는 생각이 들었다.

이렇게 해서 우리가 뽑아 본 목록은 다음과 같다.

- 자산 관리—지출에 대비한 저축, 구매 평가, 구매 가치 평가
- 수학—주로 자산 관리의 맥락에서 필요하지만 일정한 수의 동물을 거느리는 그 지역의 부양 능력을 따질 때도 필요
- 시간 관리—덫을 설치하고 관리하는 데 필요한 일정 조정
- 생물학·지구과학—사냥 대상의 서식지와 습성에 대한 연구, 날씨가 야생 동물에 끼치는 영향, 생식 주기 등

- 해부학―동물 장기 식별, 도살·박피·손질 과정에서 발생하는 기타 해부학적 지식
- 체육―거의 15kg에 육박하는 등짐을 지고 산야와 골짜기를 끝없이 헤치고 다니는 능력의 명백한 필요성
- 윤리―동물의 죽음이 헛되지 않도록 모든 부분을 사용하는 행위의 중요성, 감사하는 마음, 필요와 소비 여건을 초과하여 수렵하지 않기, 고통을 최소화할 수 있는 덫 사용
- 협동―누구의 덫을 어느 곳에 설치할 것인지를 놓고 이루어지는 타협, 덫 설치의 범위 정하기, 상호의존과 협업
- 지리―수렵할 지역의 땅 주인을 파악하고 덫 설치 구획을 결정하기 위해 지형도 읽기
- 읽기·쓰기―수렵 허가에 필요한 문제집 풀기, 시험, 땅 주인에게 수렵 허가를 구하는 편지 작성, 그에 따르는 읽기와 쓰기 훈련(철자·습자·문장과 단락 구성·문장어를 통한 효과적인 의사소통의 일반적 능력 포함)
- 인간관계―수렵 허가를 구하기 위한 가정 방문, 거절에 대해서도 긍정적이고 우호적으로 반응하기

목록은 계속 이어질 수도 있을 것이다. 그러나 위에서 든 범주들과 새로이 추가될 만한 주제들 모두가 가지는 가치를 인정은 하면서도 그런 주제들을 정의하고 따로 분리시켜 다루는 데는 핵심을 크

게 비껴가는 무엇인가가 있다. 그렇게 구분 지음으로써 개별 과목은 다른 모든 과목과 유리되고 연결 지점이 끊어지기 때문이다. 탄탄한 구조 위에 짜인 것처럼 보이지만 사실 배움의 진공 상태나 다름없다. 그런 유리 현상은 자연계의 방식이 아니다. 자연계에서는 구분 지은 요소들이 모두 하나의 생태계로 융합된다. 이 생태계는 표준화된 배움의 진부한 용어들로는 정의될 수 없는 지식과 경험의 생태계다. 학교에서 그토록 엄청난 학습이 일어나도 교실 밖 세상과는 무관해 보이는 이유가 여기에 있다.

이 목록에서 우리 아이들의 교육에 대해 폭넓은 이해 지점을 끌어낼 수 있다는 사실만으로도 나로서는 얄팍한 만족과 어쩌면 위안까지 얻음을 부인하기는 힘들 것이다. 그렇다 해도 배움을 그런 식으로 지나치게 단순화하여 생각하는 것에는 분명 결함이 있다. 그럼에도 불구하고 대부분의 사람들은 배움을 꼭 그렇게 여기기에 이르러 있고, 좀 더 의미 있는 논의를 펼칠 시간이 늘 있는 것은 아니다. 어떤 의미에서 페니와 내가 만들어 본 목록은 비록 흠이 있을지라도 우리의 특이한 교육과 주류 교육 사이의 틈을 이어 주는 편리한 다리가 될지도 모르겠다.

부모님과 가족 친지들이 교육을 둘러싼 우리의 선택을 믿고 지지한다는 점에서 우리 부부는 운이 좋은 편이다. 반면에 남과 다른 길을 걷는 부모들이 모두 같은 운을 누리는 것은 아니다. 그러므로 나의 실험적 사고가 이들 부모로 하여금 제도적 환경을 딛고 자녀의 배움을 입증해 보이는 데 작은 보탬이 되기를 겸손한 마음으로 소망한다.

네이트는 결국 네이트 궤짝을 떠났다. 차가운 가을바람에 쫓겨 혼자 힘으로 지은 유르트의 보호막 안으로 들어갔다. 그리고 몇 주 지나, 네이트가 아이들에게 보낸 편지가 도착했다. 행간도 떼지 않고 공들여 쓴 네 장짜리 편지였다. 아이들에게 그 편지를 읽어 주는데, 우리가 얼마나 복 받은 가족인지 다시 한 번 실감할 수 있었다. 우리 삶에 네이트와 같은 사람이 함께했다는 사실뿐만 아니라, 애초에 우리가 네이트를 받아들일 수 있을 정도로 삶을 가꾸어 놓았다는 사실도 그랬다. 우리 아이들에게 자유를 허락하여 그에게서 배우고 궤짝에서나 혹은 그 밖에서 이런저런 일을 하며 함께 긴 시간을 보내며 그와 함께 숲을 누비거나 구불구불한 강물을 따라 카누에 몸을 싣고 다닐 수 있게 해 놓았다는 사실도 그랬다. 또한 우리가 안다고 생각했던 것 가운데 많은 부분을 비우는unlearn 자유를 우리 스스로에게 허락했다는 것도 그랬다. 덫과 수렵뿐만 아니라 배움이 무엇인지, 누구로부터 배워야 하는지에 대해서 말이다.

비버는 단지 벗겨 파는 가죽 한 조각에 불과한 존재일까, 아니면 자기만의 삶과 우주 안의 자리를 가진, 붉은 뻐드렁니에 뱃살이 통통하고 검은 털북숭이 모습을 한 한밤의 물놀이꾼일까? 어쩌면 우리가 상상도 못할 세상을 알고 우리가 전혀 알지 못할 방식으로 살아왔으며, 지구상 어느 누구와 마찬가지로 자기 터를 누릴 자격이 충분한 존재 아니겠니?

너희 둘 다 이 물음에 대해 너희들의 방식으로 답을 찾아야 할 거야. 너희 믿음과 꼭 맞는 방식으로 너희 삶을 꾸려야 해. 더 많이 알수록 선택의 가지 수도 늘어나고, 바깥의 시선으로부터 당당하게 살 수 있는 자유를 찾을 수 있단다. 이 길이 너희가 선택한 길이라면 말이야.…… 비록 남들이 하는 대로 따라 살면 쉬울지라도.

우리는 서로에게 잘 대해 주는 것으로 맡은 임무를 시작하자. 우리가 우리 주변의 존재를 존중하고 친절히 대하며 넓게 품을 수 있다면, 그 결과가 밖으로 널리 퍼져나가 세상과 우리가 맺은 인연으로 돌아오기 마련이거든. 그렇게 해서 지구는 우리가 감히 헤아릴 수 없는 방식으로 우리를 맞아줄 거란다.

핀과 라이가 네이트로부터 무엇을 배웠던가? 지리학, 해부학, 생물학. 맞다. 역사도 배우고 윤리도 배웠으며 과학 지식도 조금 배웠다. 물푸레나무를 쪼개 바구니를 엮고 방금 떠나보낸 가축의 가죽을 손질해 늘이고 잘 말린 다음 샌들로 만드는 법을 배웠다. 페니와 내가 나열한 목록처럼 아이들이 배운 내용도 끝도 없이 이어질 수도 있으리라.

하지만 나는 우리 아이들이 네이트에게서 그 이상의 무엇인가를 배웠다고 확신한다. 그것이 무엇인지는 쉽게 설명할 수 없다. 어쩌면 그것은 제도적 학습의 존재 방식인 고립된 과목들의 일람표 안에 맞춤하게 담기지는 않으리라. 이러한 배움에는 수업이 없으며 그 진척의 정도를 등급으로 매길 만한 방법도 없다. 꼭 필요한 것만 배우는데도 완성을 기약할 수 없다. 그러나 그것은 필시 앞으로도 내 아이들이 배워 나가야 할 가장 중요한 것일 터이다.

그것은 바로 이 넓고 불완전한 세상의 웅장한 설계 속에서 자기 위치가 무엇인지 제대로 이해하는 것이다. 자기 스스로에게, 그리고 다른 이에게 물음을 던져 깨닫는 과정이며, 해답을 찾더라도 드러난 모습 그대로 받아들여서는 안 된다는 사실을 알아 가는 과정이기도 하다. 아이들은 자기들이 하는 행동 하나하나가 만물에 어떤 영향을 끼치는지 배워 가고 있다. 붉은 뻐드렁니에 뱃살 통통한 털북숭이, 한밤의 물놀이꾼이 수면 아래 그림자에 숨어 유유히 헤엄치는 세상도 있다는 사실에 눈뜨고 있다.

핀과 라이가 이러한 세상들을 완전히 이해할 수 있을까? 그럴 리는 없다. 그렇더라도 아이들은 여전히 또 다른 것들을 배울 것이고, 때로는 알지 않아도 좋으리라.

배움의 자유

아침 기온이 영하 24도까지 내려갔다. 상자에 달걀을 어떻게 다 채웠는지 떠올릴 수도 없다. 한 번에 하나씩 달걀을 담을 때마다 손가락이 얼어붙는 것만 같았다. 우습게 들릴지도 모르지만 정말 그랬다. 어쨌든 오랜만에 접하는 강추위였다. 그렇더라도 페니가 잠자리에 들 때마다 침실 창문을 여는 습관을 막을 정도로 춥지는 않았던 게 분명하다. 나는 1년 365일 머리맡 창문을 5센티미터 정도 열어 두고 자는 여인과 결혼했어도 늘 감사하는 마음이다. 하지만 난로로 어렵사리 덥힌 온기가 고작 5센티미터의 틈을 통해 혹한의 바깥으로 새어 나간다고 생각하면 아까운 마음이 가시질 않는다. 그래도 내가 꼭 따져야 할 때가 언제일지, 그러다가 군말 없이 이불 속으로 더 깊이 파고들어야 할 때가 언제여야 할지를 알 수는 도저히 없는 일이다.

홈 그로운—아이들은 스스로 배운다

보통 여름과 가을에는 페니가 우유를 짠다. 그러나 일이 고된 겨울이 되면 우유 당번을 둘이 나누어 한다. 오늘은 내 차례였다. 나는 7시 45분까지 기다렸다. 그 시간이 되면 살짝 떠오른 태양이 정동향의 헛간 입구로 볕을 비스듬히 비추어 우유 짜는 칸막이가 달콤한 빛으로 물들기 때문이다. 추울 때나 그렇지 않을 때나, 아침 첫 햇살을 받으며 우유 짜는 일은 더할 나위 없이 좋다. 따뜻한 빛을 타고 건초와 소의 냄새가 은은하게 퍼진다. 손가락이 시려 오면 둥글게 말아 쥐고 외투 주머니에 꽂아 넣는다. 그리고 지평선 위로 조금씩 솟아오른 태양을 향해 얼굴을 돌린다.

우유를 짜고 있는데 저 아래 숲에서 아이들 소리가 들려왔다. 벌써 어떤 상상에 들떠 놀이에 푹 빠져든 모양이다. 나는 절로 웃음이 나왔다. 영하 24도의 아침에 우리 아이들은 숲에서 논다. 문득 아이들에게 배울 게 많다는 생각이 들었다. 그런 생각이 처음은 아니다. 아이들이 이미 나에게 얼마나 많은 것을 가르쳐 주었던가. "아빠, 잘 보세요. 이렇게 따는 거예요." 나는 몸을 숙여 라이의 시범을 지켜보며 쏠리지 않고 쐐기풀 따는 법을 익혔다. 고비가 자라는 곳도 알았다. 나무와 잎을 엮어 물이 새지 않는 쉼터를 짓는 법이며, 부싯돌과 부시로 불을 피우는 법도 익혔다. 추운 생각과 추운 기분의 차이도 알았다. 여우 오줌에서 스컹크 냄새가 난다는 사실도 알았다. "맡아 보세요." 눈 위에 난 노란 자국 위로 몸을 웅크리며 핀이 말했다. 나도 아이 곁에 무릎을 꿇고 여우 오줌 냄새를 맡아 보았다. 정말 아이

말대로 스컹크 냄새가 풍겼다.

아이들은 이 자연이 내가 아는 것보다 훨씬 더 많은 작은 경이들로 가득하다는 사실을 일깨워 주었다. 알지 못해도 좋다는 사실조차 일깨워 주었다.

아이들은 인내하는 법도 가르쳐 주었다. 아주 큰 인내를.

페니와 내가 매일 여덟 시간 넘도록 아이들을 우리 삶에서 내몰았다면 이 많은 배움이 가능했을까? 매일 여덟 시간 넘도록 나 자신을 아이들의 삶에서 내몰았다면 이 많은 것을 배울 수 있었을까? 우리가 이 땅에 살고자 마음을 굳히지 않았다면, 이 삶의 방식을 따르지 않았다면 이런 배움이 가능했을까? 우리가 아이들을 집에서 배우도록 하는 것은 단지 우리가 아이들에게 배우고 싶어서가 아니다. 그런 발상은 이기적인 것일 터이다. 그러나 아이들에게 커 가면서 배울 자유를 허락함으로써 예상치 못한 아름다운 일이 일어났다. 그로 인해 우리 자신에게도 같은 자유를 허락한 것이다.

홈 그로운 ─ 아이들은 스스로 배운다

11

끝은 어떻게 될까

이 모든 이야기의 끝을 전할 수 있다면 좋겠다. 핀과 라이가 청년으로 자라고 세상도 아름다움의 극치를 향해 발전하며, 두 아이가 그 안에서 자기 길을 찾았노라고 전할 수 있다면 좋겠다. 사랑하는 사람을 만나 아이들을 낳았다고, 또는 그렇지 않더라도 이 지역 또는 다른 지역에 잘 자리 잡았다고 자신 있게 말할 수 있다면 좋겠다. 우리 아이들이 틀을 벗어난 교육으로 오로지 긍정적인 영향을 받았다고, 제도에 얽매이지 않은 아동기를 보냈다는 이유로 동등한 기회를 빼앗기지 않았다고 말할 수 있다면 좋겠다. 이 아이들이 자연과 맺은 관계를 어른이 되어서도 이어 가며 그로 인해 더 좋은 삶으로 이어졌다고 입증해 보일 수 있다면 나로서는 뜻 깊은 일일 것이다.

게다가 핀과 라이가 첫 숨을 터뜨린 바로 그 지붕 아래, 바로 여기 작은 터에서 페니와 내가 아름다운 노년을 맞이했다고 기록할 수 있다면 좋겠다. 그럴 수만 있다면 우리와 아이들을 위해 내린 선택에 결코 후회 없다고, 건강하고 행복한 삶에 대한 우리의 신념이 결코 어긋나지 않았다고 말할 수 있을 것이다. 우리 부부가 둔해지고 점차 쇠하고 점점 굽어 마침내 중력의 힘에 굴복하더라도, 지금과 다름없이 하루를 보내는 모습을 상상해 본다. 아침에 불을 지피고 나서, 소에 여물을 내주고 돼지를 먹인다. 아침을 먹고 일을 한다. 오후가 되면 계획했던 일을 하고 장작을 팬다. 또는 집 주변을 손보고 찾아오는 친구를 맞이하거나 친구의 집을 방문한다. 다시 집안일을 하고 저녁 식사를 한다. 식사를 마친 후 책을 읽고 잠자리에 든다.

우리 삶에서 의미가 큰 사람들, 이를테면 부모님, 멜빈, 마사가 떠나더라도 그들이 떠난 자리에 다른 이가 들어와 우리와 삶을 나누었다고 기록하고 싶다. 우리가 가진 돈은 많지 않지만 더 이상의 돈이 필요치 않다고 말할 수 있다면 좋겠다. 우리가 소박한 욕구에 따라 살며 소박하건 복잡하건 모든 욕구를 충족하며 살았다고 말할 수 있다면 좋겠다. 맑고 달 밝은 겨울밤이면, 한때 멜빈의 목초지였던 땅에서 우리가 여전히 스키를 즐기며 하늘 높이 솟아오르는 달을 바라본다고 말하고 싶다. 삶은 덧없기 그지없지만 나는 여전히 맺어져 있음을 느낀다. 세상은 여전히 경이로우며 나는 그 품 안에 있음을 느낀다.

장차 저 미지의 어느 곳에서 이 책의 결말을 쓸 수 있다면 이 세상의 가능성에 대한 나의 신념이 구름 한 점 없는 하늘처럼 청정하게

홈 그로운― 아이들은 스스로 배운다

남아 있기를 소망한다. 내 삶을 되돌아보며 그 신념에 따라 살았기를, 비록 우리가 살았던 시간의 이야기를 보면 그렇게 살아온 내가 바보 같았다는 귀띔을 받는 일도 있겠지만 그래도 그 신념을 위해 살았기를 소망한다. 세간의 냉소에 무릎 꿇지 않았으며, 세상과의 관계에 성실하고 정직하며 감사하고 살았기를, 심지어 고지식하게 살았기를 소망한다. 그즈음에는 이런 바람을 얻으려 더 이상 애쓰지 않고 이미 오래전에 얻었기를 소망한다.

모든 게 지금과 거꾸로라면 어찌 될까 궁금해질 때가 있다. 그래서 우리가 존재의 이유를 지배와 안위에 두지 않고 내려놓음에 둔다면 어찌 될까 궁금해진다. 공포와 불안에 대한 투항이 아니라 세상의 가능성에 대한 우리의 분별에, 우리에게는 우리가 상상하는 세상을 만들 능력이 있다는 신념에 마음을 내주면 어찌 될까 하는 것이다. 우리의 행동에 반영되는 이 상상의 세계가 이윽고 상상이 아니라 현실이 될 것이라는 신념에게 말이다. 만약 우리에게 깨달을 능력이 있다면 어떻게 될까? 우리가 자연에 해를 끼치면 우리에게 되돌아온다는 사실을 깨닫는다면? 우리가 남에게 해를 끼치면 우리에게 되돌아온다는 사실을 깨닫는다면? 이민자와 소수자, 기업과 정치인, 정부에게 이용당할 걱정이 사라진다면? 남들이 우리를 고지식하다고 생각할까 걱정하지 않을 수 있다면? 중요한 건 많이 아는 게 아니라 많이 느끼는 것이라면? 크거나 작은 나무, 곧거나 굽은 나무, 잎이 무성하거나 헐벗은 나무 상관없이 눈, 비, 더위와 추위를 무릅쓰고 매일 10여 분 정도 그 나무 곁에 등을 대고 앉으리라 다짐할 수 있다면? 그래서 나무의 숨결을 느낄 수 있다면, 우리가 정말 그럴 수 있다면 세상은 어떻게 될까?

그리하여 우리가 그런 생각에 따라 아이들을 가르칠 수 있다면 어떤 세상이 올까?

물론 그러기 위해서는 꼭 홈스쿨링이나 언스쿨링을 택할 필요는 없다. 지금 제도 교육에서 비중이 큰 단순 기계식 정보 습득과 전혀 양립할 수 없다고 잘라 말할 수도 없다. 그중에는 대단히 유용하고 꼭 필요한 부분도 있다. 더하기 · 빼기 · 읽기 · 쓰기를 비롯해 가족과 자기가 속한 지역에서 소통하려면 어른은 물론이고 아이들에게 꼭 필요한 내용도 더 있다. 그러나 진실을 말하자면, 수고와 시간을 그리 많이 쏟지 않더라도 아이의 흥미와 열정이 살아 숨 쉬는 환경에서라면 이런 지식은 얼마든지 익힐 수 있다.

사실, 우리가 핀과 라이에게 이런 내용을 가르치느라 쏟은 시간은 거의 **없다**. 오히려 핀과 라이는 자신의 마음에서 우러나온 명령을 따를 때 가장 잘 배웠다. 우리는 핀에게 읽는 법을 가르치는 대신, 책을 읽어 주거나 서로 돌아가며 읽었다. 그러다 어느 날 우리가 단어를 빼먹거나 일부를 건너뛰기라도 하면 핀이 알아차리기 시작했다. 얼마 후에는 핀이 책을 골라 들고 혼자 읽기 시작했다. 핀보다 느리기는 하지만 라이도 같은 방식을 따르고 있다. 라이도 줄곧 엄마를 따라 읽고 있으니 언젠가 이런 말을 하게 될 것이다. "엄마, 여기 단어

하나 빼먹었어요."

아이들이 산수를 해야 하는 상황도 우리 주변에 늘 찾아온다. 심지어 들판과 텃밭에서도 산수가 필요하다. "내년에 심으려면 마늘 몇 개를 남겨야 돼요?" 핀이 궁금해 물어보면 우리는 계산을 시작한다. 마늘 한 통에 다섯 쪽이 있고 약 15미터 되는 이랑을 따라 15센티미터 간격으로 한 통을 심어야 한다. 그러면 핀은 다른 아이들처럼 얼굴을 찡그리고 답을 찾아 머리를 쓴다. 핀은 라이보다는 셈이 느린 편이다. 라이만큼 정확하지 않아도 '대충' 맞아떨어지면 흡족해 한다. 그러나 핀도 커 가면서 셈이 정확해야 한다는 사실을 깨닫고 있다. 오랫동안 핀은 산수가 꼭 필요한 기술이 아니라며 한사코 거부해 왔다. 그러다 얼마 전에야 그 필요성을 인정하고 페니에게 말했다. "엄마, 나 이제 산수를 더 잘해야겠어요." 그렇게 해서 핀도 산수가 나아지고 있다. 우리가 아이에게 강요해서가 아니라 아이가 원해서 그렇게 된 것이다. 아이도 산수가 필요하다는 사실을 인정했기 때문이다.

핀과 라이는 다른 아이들과 똑같은 방식으로 글 쓰는 법을 익히고 있다. 글쓰기를 통해서다. 그러나 오랫동안 글씨 쓰기 연습에 매달리는 대신 가족과 친구에게 편지 쓰려는 욕구를 자연스럽게 글쓰기로 연결시켰다. 아이들은 또 자기 모험담을 적거나 자기들이 키우는 염소의 성장 일지를 기록한다. 만화 그리기도 좋아해서 거기에 말풍선을 그려 넣고 온갖 대화를 가득 채운다.

나는 아이들이 흥미를 느끼는 환경에서는 필수 기술도 빨리 배운다는 사실을 몇 번이고 보았다. 그렇기에 다른 지식과 경험에서 분리된 채 단순 기계식 학습에 그토록 많은 시간을 낭비하는 상황에 놀라게 된다. 지금 이 글을 쓰면서 좌절과 분노마저 되살아난다. 10대 시절 단지 누군가의 기대에 맞추어 배우느라 내 시간을 빼앗긴다고 느꼈을 때의 바로 그 감정이다. 이런 교육이 아이들을 얼마나 무시하는 것인지 생각하면 더욱 놀란다. 결국 아이들은 자기 삶의 주인이 될 수 없다고 배우는 것이나 다름없다. 사실 학교에서는 읽기·쓰기·산수 말고도 배우는 게 더 있다. 그러나 여느 어른과 마찬가지로 학교에서 배운 내용을 딱 부러지게 떠올리기란 쉽지 않다. 이런 상황이 벌어진 이유는 정작 내게 중요한 것과는 상관없는 내용만 배웠기 때문이다. 그저 배워야 한다기에 배웠을 뿐이다. 배워야 한다는 내용을 배우느라 하루하루가 흘렀기 때문에 내 열정을 좇아 배울 자유가 없었다. 아니, 애초에 열정들이 생겨나지도 않았다.

우리 가족이 지향하는 자기 주도적 교육 방식 때문에 아이들이 주류 교육의 기준에 미치지 못하는 것은 아닐까? 엄밀히 말하자면 그렇다고 볼 수 있다. 예를 들어 핀은 거의 여덟 살이 되어서야 읽기를 깨쳤고 라이는 그보다 거의 일 년 정도 뒤처져 있다. 학교에 다니거나 다니지 않는 아이들을 막론하고, 또래들은 알지만 우리 아이들은 모르는 내용도 분명 있다. 이 중에는 장차 우리 아이들이 필요하다고 느끼면 배울 내용도 있다. 또 영영 배우지 않을 내용도 있을 것

홈 그로운—아이들은 스스로 배운다

이다. 언스쿨링을 한다고 해서 아이가 자기 주도적으로 모든 나라의 수도를 기억하고, 중요하다는 역사적 사건을 달달 외우게 되리라 생각한다면 오산이다. 그러나 두려움을 버리고 믿어 주기만 해도 아이들은 자신이 배워야 할 내용을 기꺼이 배우기 마련이라는 것을 이제 납득하고 있다. 그 과정에 자신의 운명을 남이 쥐고 있다는 데서 오는 분노는 찾아볼 수 없다. 학습 과정에 따라다니는 그 모든 감정 문제에서 우리 아이들이 무사하기를 바라는 심정으로 하는 말은 아니다. 오히려 우리 아이들도 번번이 좌절을 맛보리란 사실을 안다. 실패도 자주 겪을 것이다. 그러나 좌절과 실패 또한 아이들의 성장에 필수적이고 유익하며 자연스러운 현상이다. 자신감과 성공, 그에 따르는 기쁨과 다를 바 없다.

물론 우리 아이들의 지식과 경험 중에는 또래 대부분이 모르는 것들도 있다. 그런 것들은 대부분의 어른조차 모른다. 핀과 라이는 숲속을 거닐다가 괭이밥 한 줌을 뜯거나 꾀꼬리 버섯 따위를 따기도 한다. 야생 칠면조가 몸을 부빈 흔적을 찾아내거나 한겨울 눈 위에 패인 타원형의 자국을 보고 사슴이 쉬어 간 자리라는 사실도 알아낸다. 어디를 가도 내 아이들의 지식과 학습의 흔적이 보인다. 아이들은 쓰임새에 따라 다양한 물건도 만들었다. 뚜렷한 목적에 따라 세심하게 디자인한 것도 있고 목적을 도통 알 수 없는 것도 있다. 그중에 등에 메고 다니는 바구니 가방이 있다. 거의 매일 메고 다니느라 일 년밖에 되지 않았는데도 테두리가 이미 너덜너덜해졌다. 바구니를 짠 얇고 가느다란 나무는 천 조각처럼 닳고 닳았다. 아이들이 쓰는 울 모자는 우리가 키우는 양의 털을 잘라 직접 펠트로 짠 것이다.

누군가 "이런 걸 알아서 다 어디에 써 먹어요?"라고 묻는다면 나는 이렇게 되묻고 싶다. "그렇다면 무언가 안다는 게 다 무슨 소용인가요?" 한발 더 나아가, 우리는 둘 다 이렇게 물어볼 수도 있겠다. "교육이란 걸 왜 하나요?" 특정한 기대 수준에 맞추도록 사회화하는 것이 교육의 목적일까? 아직은 우리를 자연과 이어 주고 있는 실, 그 해어진 몇 가닥에 지금처럼 계속 톱질을 해대는 것이 교육의 일일까? 전문가의 감시 아래에서 학습이 가장 잘 일어난다는 사실을 배우는 데 있을까? 만약 그렇다면 그의 의견이 옳은지도 모른다. 그렇다면 내 아이들이 여우 오줌 냄새를 분간하고 숲에서 나오는 버섯이 독버섯인지 아닌지 식별하고, 또 마른 나뭇가지들을 모아 불을 지피는 법을 알아도 다 부질없는 짓이다. 야생의 땅을 쉽고 안전하게 이동하는 요령도 의미가 없다. 우리가 이웃을 도와 비가 내리기 전에 건초에 덮개를 씌운다 해도 다 무의미하다. 숲속 동물의 습성에 쏠린 무한한 호기심도 다 쓰잘머리 없다. 아이들이 지은 쉼터나 갖가지 도구도 다 쓸데없다.

그러나, 내가 책 서두에서 언급한 것처럼 단지 수행 평가나 표준화된 테스트, 또는 평생 소득의 추정치란 맥락으로는 도저히 교육의 본령을 찾을 수도 측정할 수도 없다. 교육의 핵심은 아이들에게 그들이 단지 인간뿐만 아니라, 나무와 동물, 땅과 달과 하늘에까지 연결되어 있다는 감각을 심어 주는 일이 아닐까? 무릇 생명을 논하려면 이 모든 연결과 거기서 유래한 모든 감정을 오롯이 느껴야 하지 않을까?

그렇다면 우리는 무엇을 해야 할까?

나는 종종 모든 아이가 핀과 라이처럼 교육을 받으면 이 사회가 어떻게 되겠느냐는 질문을 받는다. 모든 아이에게 자기 관심과 자기 속도에 맞게 배울 수 있는 자유가 주어진다면 어떻게 될까? 의사, 기술자, 항공기 조종사 등 우리가 의지해 살아가는 고등 전문직 종사자는 어떻게 양성할 수 있을까? 그들의 분야에서 요구하는 고도의 전문 지식을 어떻게 배울 수 있을까? 분명 활 만드는 기술에는 이런 지식이 없다. 숲에서 아무리 많은 시간을 보낸다 해도 이런 지식을 배울 수 없다. 얼굴이 김으로 촉촉해지고 머리에 매캐한 냄새가 배도록 웅크려 앉아 시럽을 졸인다 해도 알아낼 수 없는 것이다.

그러나 이런 질문은 논리적이라고는 해도 근본적인 결함이 있다. 자기 주도적 학습이 앞서 말한 전문직에서 요구하는 고등교육과 양립할 수 없다고 전제하기 때문이다. 강요하지 않으면 사람들은 배우지 않으리라는 문화적 신념도 결함이 있기는 마찬가지다. 이 신념은 인간이 본디 게으르고 배우는 데 흥미를 붙이지 않는다는 오류에 근거를 두고 있다. 아이는 본디 배우지 않으려 한다는 그릇된 생각이 깔려 있다.

그러나 나의 경험으로 보면 진실은 그와 정반대편에 있다. 아이나 어른을 막론하고 원하는 것을 원하는 때에 배울 자유가 주어지면 열과 성을 다해 배운다. 돈과 같은 물질적 이익보다 훨씬 강력한 동기가 배움으로 이끌기 때문이다. 그 동기란 바로 앎에 대한 사랑과 앎을 얻는 과정 자체에 있다. 그 결과 사람들은 배워야 할 내용을 자기의 때에 맞게 배우고 행한다. 이 단순한 이유만으로도 사람들은 무엇이 되었건 자기가 택한 직업에서 두각을 나타낸다. 농부, 변호사, 의사, 기술자, 목수, 화가, 벌목꾼, 교사 등 직업이 무엇이든 그 결과는 같다. 그리고 세상도 그러기 위한 더 나은 곳으로 된다.

물론 모든 아이가—그들의 교육 구조가 어떻건, 또는 결여되어 있더라도—우리 아이들과 같은 식으로 땅에 의지하며 살아가지는 않을 것이다. 우리 아이들이 자연과 우리가 살고 있는 삶터에 연결되어 있음을 생각하면 참으로 감사할 따름이다. 그러나 우리와 여건이 다른 가족들도 아이의 교육과 시간에 대한 통제를 느슨하게 함으로써 크게 얻는 바가 있다는 사실을 안다. 도시에 살면서 언스쿨링으로 배움의 의미와 목적을 찾고 잘 자라는 아이들도 있다. 시골에 살면서 언스쿨링하는 아이들에게서도 마찬가지 경우를 찾을 수 있다. 이 아이들이 활을 만들거나 단풍 시럽을 만들지는 않더라도 자기 열정이 이끄는 대로 배움을 좇아 배움의 꽃을 피운다. 언스쿨링의 진정한 의미는 특정한 지식의 발견에 있지 않다. 자아의 발견에 있다고 보는 게 맞다.

분명 이따금 내가 학교의 폐지를 말하고 있는 것처럼 보일 수도 있겠으나 실은 그렇지는 않다. 사실 그 존속의 여부가 중요한 문제는 아니다. 제도 교육을 끝내는 일은 현실적이지도 않다. 미국 모든 주에서 학교 교육을 의무로 시행한 지는 채 한 세기도 되지 않는다. 하지만 그 사이 우리 사회는 학교에 전적으로 의존하게 되었다. 그 이유 가운데 상당 부분은 이 경제 체제에서는 아이들에게 다른 길을 가도록 할 자유가 거의 없다는 것이다. 불편한 진실을 하나 꺼내자면 학교는 직장에 다니며 근근이 생계를 잇는 부모 대신 아이들을 맡는 중요한 기능을 수행하고 있다. 생계만 아니라면 학교 밖 교육을 선택했을 가족에게조차 학교는 중요해졌다. 공교육이 특별히 비용이 크게 안 들어서 보내는 것이 아니다. 사실은 그와 반대이며, 그 대안을 감당할 수 있는 가정이 거의 없기 때문이다.

더욱이 사람들은 정서적으로도 학교에 매달리게 되었다. 아이의 학습을 조직적으로 관리하고 측정하며 남에게 위임해야 한다는 사고에 수십 년 길들여진 결과 다른 가능성을 찾는 일은 거의 불가능해졌다. 그것은 우리가 가진 결함이 아니다. 우리 또한 바로 이런 방식으로 '가르침'을 받았기 때문이다. 그러는 사이 우리가 본디 갖추고 있는 배움에 대한 사랑은 상처를 입었고, 교실 너머 자연과 지역사회, 그리고 세상과 이어졌던 연결은 크게 마모되었다. 분명 이 연결은 끊어지지 않는다. 결코 끊을 수 없는 속성을 가졌기 때문이다. 우리가 그 존재를 인정하지 않더라도 이 연결은 존재한다. 그 연결을 인정하지 않고서는, 그 연결 안에서 진정 기뻐하지 않고서는 우리는 인간으로서의 잠재력을 온전히 이루어 낼 수 없다.

페니와 나는 참으로 많은 것을 비워야unlearn 했다. 우리는 여전히 비우는 중이며 죽는 날까지도 그럴 것이다. 사실 언스쿨링을 해야 하는 대상은 우리 아이들이 아니라 바로 우리다. 우리 아이들의 언스쿨링은 우리 부부의 언스쿨링이 되었다. 우리가 배움을 품으라고 아이들에게 주었던 자유는 우리 자신에게 주는 자유가 되었다. 우리는 핀과 라이에게서도 큰 가르침을 얻는다. 그 내용은 단지 세세한 정보에 그치지 않는다. 아무리 광범위하고 엄격한 교육과정일지라도 담지 못할 가르침이 담겨 있다. 냉혹할 수도 있는 이 세상에서 자리 잡기. 사소한 일상에서 아름다움을 찾고 만족하며 살기. 놓아야 할 것과 지켜야 할 것을 가리기. 이 모두 우리가 배우는 내용이다.

학교에도 이런 가르침이 들어설 자리는 있다. 하지만 대부분의 학교 교육에는 이런 가르침이 들어설 자리가 없다. 작기는 하지만 배움의 욕구를 억누르는 대신 지지하고 끌어 주는 학교의 본보기도 있다. 매사추세츠 주 프레이밍햄Framingham에 있는 서드베리 밸리 스쿨Sudbury Valley School 같은 학교에서는 아이들이 자기 속도에 따라 자기가 선택한 방식으로 배울 수 있다. 이 학교의 모델은 영국의 서머힐 학교다. 어른은 결코 명령하지 않는다. 아이들 곁에서 도와주고 조언을 한다. 성적이나 평가, 진급 같은 전통적인 방식으로 학생 사이에 우열을 부추기지도 않는다. 각각 1921년과 1968년에 설립한

서머힐 학교와 서드베리 밸리 스쿨에서 학생은 교사의 재계약에까지 의결권을 행사할 수 있다.

이 책을 쓰면서 삶과 교육은 이래야 한다고 지시할 의도는 본래 없었다. 다만 우리 가족의 여정과 마침내 이 작은 땅에 뿌리 내리기까지의 이야기를 나누고 싶었다. 우리는 이곳에 정착하는 과정에서 수많은 결단을 내렸다. 아이들을 학교 밖 배움으로 이끌었다. 작은 농가에게 숙명적인 계절에 따르는 의식들을 수행하면서 그러기 위해 필요해지는 차분하고 안정적인 태도로 하루하루를 보내고자 했다. 누군가에게는 쓸데없이 단순하고 심지어 결핍돼 보일 정도로 소박하게 살았다. 그런 결정 덕에 나도 놀랄 정도로 우리 삶이 풍성해졌다. 마치 한 가지 발견이 다른 발견으로 이어지고, 하나의 가르침이 또 하나의 가르침을 불러오는 것과 같다. 이 가르침들로 통하는 문을 우리 아이들이 열어 주었다. 아이들에게, 또 아이들이 스스로 배워 가도록 이끌어 준 페니에게 깊이 감사를 보낸다.

내가 아는 사람들도 대부분 그렇듯이 나도 내가 한 선택을 두고 확신하지 못할 때가 있다. 좋은 삶이란 무엇인지에 대해서는 참으로 견해가 엇갈린다. 좋은 삶에 이르는 길은 그만큼 다양하다. 그 모든 가능성 앞에 마음이 흔들리다가도 여름은 어김없이 찾아온다. 나는 건초를 가득 실은 짐차에 오른다. 땀을 비 오듯 쏟으며 페니와 아이들에게 건초를 던질 때마다 팔이 후들거린다. 그러면 더 이상 필요한 게 없다는 깨달음에 조용히 위로를 얻는다.

풀이 막 돋은 들판으로 젖소를 데려갈 때도 이런 위로를 얻는다. 이른 아침, 해가 막 떠올랐지만 발은 이슬에 젖고 으슬으슬한 기운에 동작이 빨라진다. 소들도 내가 무엇을 하는지 정확히 알고 있다. 우리는 허구헌날 이 춤을 추고 소들은 울타리 곁에 서서 나의 동작하나하나를 지켜보기 때문이다. 멜빈의 헛간에 서서 이야기를 나눌때도 이런 느낌이다. 우리는 젖소나 정치, 기계, 날씨에 대해 이야기를 나눈다. 멜빈은 전날 태어난 새끼 암소 이야기도 들려준다. 거의살지 못할 거라 생각했으나 녀석은 살아남았다. 이마에 작은 점이났다기에 들여다보니 작은 새를 닮았다.

핀과 라이가 숲 가장자리를 따라 걸어가는 모습에서도 위안을 얻는다. 아이들은 내가 끼어들 수 없는 모험을 떠난다. 나는 알 수 없는세상을 탐험하러 나선다. 이런 순간이 오면 아이들이 스스로 설 수있을 정도로 점점 자라고 있다는 걸 알 수 있다. 그러다 아이들도 때가 되면 이 땅을 떠나리라는 생각에 마음 한구석이 아파 온다. 먼 미래의 일인 것처럼 여겨질는지 모르지만 그날이 오면 지나간 세월을되돌아보며 깨달을 것이다. 그 세월은 그저 은은히 빛나는 한 조각시간임을. 이제는 닫혀 버렸지만 기억을 불러내 나의 시선을 초대하는 그런 창문과도 같은 것임을.

홈 그로운—아이들은 스스로 배운다

에필로그

달빛 아래 깨달음

저녁 일을 마치고 우리 넷은 스키에 올랐다. 12월 말이고 작은 눈보라가 한 차례 지나갔다. 쌓인 눈은 발목 깊이에도 미치지 못한다. 그날 아침, 눈이 스키 탈 정도로 쌓이지는 않았다고 아이들에게 말했다. "썩 좋아 보이지 않아." 나는 아이들을 단념시킬 요량으로 말했다. "거의 맨땅이야."

아이들은 내 말을 흘려듣고는 막무가내로 스키를 타러 나갔다. 우리 목초지에서 가장 높은 언덕을 오르내리며 넘어지고 웃다가, 또 어디로 갈까 점프대를 어떻게 쌓을까 입씨름을 벌였다. 나는 내 방 창문 너머로 그 모습을 바라보다가 다시 한 번 깨달았다. 나는 아이들한테 배워야 할 게 많으며 그런 교훈은 참으로 조용히 온다는 사실을. 그런 가르침은 너무도 조용히 찾아와 알아채지 못할 수도 있다. 나는 이렇게 말했다. "썩 좋아 보이지 않아." 이런 말도 했다. "거의 맨땅이야." 허나 아이들에게는 그 정도면 충분하고도 남았다.

아이들이 옳았다. 스키 타기에는 더할 나위 없이 좋다. 눈도 미끄럽고 잘 나간다. 공기는 차갑지만 그리 춥지는 않다. 우리 넷은 눈 위를 지쳐 멜빈네 들판까지 갔다. 지난 가을 젖소들이 풀을 뜯은 표면이 얼어 있다. 두 뺨으로 피가 몰려든다. 움푹 파인 두 뺨에 따뜻한 혈기가 전해진다.

원래는 보름달 아래서 스키를 탈 계획이었다. 그러나 보름달은 이틀 전이었고 그때는 아직 눈이 내리지 않았다. 오늘 밤 처음 30분가량은 칠흑 같은 어둠 속에서 스키를 탔다. 검푸른 하늘이 끝없이 펼쳐져 온 우주에 커튼이 드리운 듯했다. "아빠, 달은 어디에 있어요?" 라이가 물어보자 나는 곧 있으면 달이 떠서 지평선 위로 해가 솟은 것만큼 훤해질 거라고 설명했다. "조금만 더 있으면 달라질 거야."

우리는 마저 스키를 탔다. 하지만 20분이 더 지나도 여전히 어두웠고 아이들은 달을 기다리는 마음에 안절부절 못했다. 나도 내가 맞는지 혼란스러웠다. 달이 이지러진다는 말은 거짓이며, 스위치 한 번으로 불을 켜고 끄듯이 달의 주기도 하루를 단위로 바뀌는가 싶었다.

마침내 달의 주기에 대한 자신감이 바닥을 칠 때쯤 북쪽 지평선 위로 은은한 빛이 올라왔다. 마치 어두운 바다 한가운데에서 빛이 나는 것 같았다. "이제 나온다." 그러나 아이들은 내 말을 듣고도 믿기지 않는 눈치였다. 지나간 30분 동안 내 신뢰도는 이미 땅에 떨어졌다. 그러나 점점 밝아지더니 아주 조금씩 달이 솟아오르기 시작했다. 우리는 스키를 멈추고 하늘을 바라보았다. 아이들은 유독 넋을 잃고 바라보았다. 이제는 달이 오르는 모습이 확연히 눈에 들어왔고 하늘을 배경으로 움직이는 모습을 추적할 수 있었다. 달은 마치 지구의 중심핵 어딘가에서 투석기로 쏘아 올린 듯한 모습이었다. 묶여 있던 사슬에서 풀려나 마침내 자유를 얻은 것처럼 솟아올랐다. 불과 몇 분 만에 전체 경관이 밝게 물들고 따뜻한 빛에 흠뻑 취한 듯했다. 잠시, 처음에는 익숙지 않은 느낌이 들었으나 이내 그것이 위안을 받는 느낌이었음을 깨닫게 되는 그런 기분이라는 걸 알았다.

아이들을 흘긋 쳐다보니 얼굴이 은은한 빛에 흠뻑 물들었다. 나는 혹시라도 내 느낌을 말로 표현해 볼 수 있지 않을까 생각했다. 또 내가 그런 말을 하더라도 아이들이 과연 알아들을까 궁금하기도 했다. 그러나 앞에 펼쳐진 광경에 넋을 잃고 서 있는 아이들을 보니 내 짧은 생각에 그저 헛웃음만 나왔다. 그 무슨 말도 필요 없는 상황이었다. 아이들은 이미 나보다도 잘 이해하고도 남았다.

몇 주 전 추수감사절에 만난 친구가 들려준 말로는 인간은 이 세상의 겨우 1퍼센트만 지각할 수 있다고 한다. 달리 말하면 인간이 경험하지 못하는 오감의 세계가 99퍼센트나 더 남아 있다는 말이다. 나는 이런 정보의 출처가 어디인지도 모르고 과연 믿어야 하는 것인지도 모른다. 하지만 그 말이 사실인지 알 수 없듯이 사실이 아닌지도 알 수 없다. 정말로 내가 영영 이해하지 못할 경험이 99퍼센트나 더 있다면, 내가 알 수 없는 것은 수없이 많다. 이제껏 분명하게 알고 있던 것 이상인 것이다.

이제 여기에서 인간 중심주의라는 결함투성이 가설의 해독제를 찾아볼 수 있다. 하얗고 밝은 달이 뜬다. 달은 하늘 높이 솟아 빠르게 움직인다. 너무나 빨라서 그 움직임을 실제 시시각각으로 식별할 정도다. 새 한 마리가 쐐기 모양의 하늘을 배경으로 날아오르고 있는 듯하다. 아홉 살과 일곱 살 된 아이 둘이 하늘을 향해 머리를 젖히고 서 있다. 아이들은 야릇하면서도 우유 같은 달빛에 반쯤 물든 채 홀려 있다. 완만한 들판은 솟았다가 꺼지기를 거듭하며 사방으로 뻗는다. 아련한 달빛 속에 그 경계가 흐릿하다. 그 달 아래 한 가족이 모여 있다. 보잘것없는 존재감에 걷잡을 수 없이 사로잡히며 깨달음을 얻는다. 내가 아는 전부는 이 세상의 극히 일부에 불과하다는 사실을.

한 15분 정도 우리는 달을 바라보다가 춥고 배가 고파서 집으로 향했다. 돌아와 불을 지핀 후 우리는 허기를 채웠다.

홈 그로운―아이들은 스스로 배운다

독자들을 위한 팁

나는 이 책이 삶과 교육을 지나치게 규정하지 않기를 바란다. 우리 아이들의 삶과 배움은 우리 가족이 사는 특유의 환경에 영향 받기 때문이다. 또 한편으로는 부모가 자녀 교육을 두고 내리는 선택은 개인의 판단에 달려 있기 때문이다. 마지막으로 이 책을 읽었다고 해서 모두가 자기 자녀의 배움에 대한 기대를 낮추는 것은 아니기 때문이다.

그래도 여기까지 책을 읽은 사람이라면 자녀 스스로 배움을 이끌 자유를 누리도록 하고픈 마음도 있겠다는 생각이 든다. 그러면서 끊어졌던 자연과의 관계를 다시 회복할 수 있을지도 모른다. 그런 부모도 있겠다는 생각에서, 보다 제도적인 교육 환경에서도 이런 과정을 시작할 수 있는 아이디어를 제시한다. 자신이 먼저 해방되지 않고서 아이를 해방시키기란 참으로 어려운 일이다. 그러므로 이 아이디어 중 일부는 어른에게도 적용하면 좋을 것이다.

학교 빼먹기

학교 다니는 아이가 있다면 하루쯤 학교 밖으로 데려 나간다. 부모도 이날만큼은 일을 쉬고 시간을 낸다. 이날만큼은 집에 있는 모든 화면의 전원을 끄도록 하자. 하루 중 일부라도 시간을 내어 아이와 숲으로 공원으로 들판으로 나간다. 해야 할 일을 따로 정하지 말고, 장난감이나 게임 도구도 챙겨 나갈 필요 없다. 풀 위에 눕거나 나무에 기대앉아 눈을 감아 본다. 눈을 뜬다. 이야기한다. 조용히 있어 본다. 냄새를 맡고 주변의 소리를 들어 본다. 그러면서 존재를 확인해 본다.

뉴스 보지 않기

인터넷 뉴스, 텔레비전 및 라디오 뉴스, 신문을 멀리한다. 모두 끈다. 아무리 슬프고 마음을 어지럽히는 뉴스라 해도 꺼 버린다. '지금', 그리고 '여기' 당신의 삶에서 진정 중요한 것은 뉴스에 없기 때문이다. 당신의 현재 삶에 중요하지 않은 뉴스에 신경을 쓰느라 정서적으로 에너지를 소모한다면, 진실로 중요한 일에 에너지를 쏟을 수 없다.

집에 있기

꼭 해야 하는 일이 아니라면 일정을 취소한다. 아예 일정을 잡지 않으면 더 좋다. 영원히 집에 있지는 말자. 하지만 집을 떠나는 경험이 감사하고 즐길 만하다는 느낌이 들 만큼 머물러 보자. 단, 집을 떠나야 해서 삶이 복잡해진다고 느끼지 않도록 하자.

아이와 무엇이든 만들기

만들고자 하는 물건은 복잡할 필요는 없으나 구체적인 기능이 있어야 한다. 만드는 과정에서 기술이 필요하고 안전하게 다루는 판단력이 동원되는 연장을 사용한다. 주변의 나무 조각을 모아 발사 장치를 만들거나 나뭇가지를 깎아 수저를 만들어도 좋다. 비바람을 막아 줄 쉼터를 짓거나 나무에 집을 만들어도 좋다. 무엇을 만들더라도 '쓰임새'가 있는 것이라야 한다.

아이와 작물 재배하기

유기농 농부인 엘리엇 콜먼Eliot Coleman이 내게 이런 말을 한 적이 있다. "민주주의가 제대로 돌아가려면 정부 정책에 휘둘리지 않을 정도로 식

량을 자급하는 시민이 일정 비율 있어야 한다.” 무언가 재배하자. “아무거
나” 키우라고 말하고 싶으나 세상에는 이미 넘치는 작물도 있다. 그러니 너
무 풍족한 작물 말고 다른 것을 재배하면 좋을 것이다.

집 밖의 세상을 느껴 보기

어느 이른 아침. 밖으로 나가 눈을 감고 하늘을 향해 고개를 기울여 보라.
그런 식으로 적어도 1분 정도 있어 본다. 쾌청하다면 태양을 느껴 본다. 비
가 내리면 비를 느껴 본다. 추우면 추위를 느껴 본다. 불편하다면 그 불편함
을 느껴 본다. 고작 1분이다. 기분이 괜찮아질 것이다.

야외에서 자기

텐트 속이 아니라 말 그대로 밖에서 잔다. 깨어나 아침 이슬에 축축한 몸
과 한기를 느낀다. 도움이 될 만한 힌트가 하나 있다. 모기가 사라지는 가을
이 좋다. 축축하고 추운 상태로 잠에서 깨는 것과 해충에 밤잠을 설치는 것
과는 상당한 차이가 있기 때문이다.

아이들 놀이에서 거리 두기

아이들 놀이에 대해서는 학습 효과나 결과에 큰 기대를 하지 않는 게 좋
다. 아이들이 자신들의 규칙을 만들어 놀도록 하자(규칙이 의미 없어 보일
지라도). 자기들끼리 논쟁을 벌여도 놔두자(논쟁이 시끄럽고 바보 같아 보
이더라도). 그렇게 해서 자기들끼리 조정하고 해결책을 찾아가도록 하자
(그 과정이 길다 해도).

도움이 되는 아이로 키우기

아이들이 집안일에 도움이 될 만한 방법을 찾아보자. 아이들의 도움이

실제로 도움이 되지 않더라도 시도해 보자. 다 자라지 않은 당근을 뽑을지라도 텃밭에서 같이 일하도록 하자. 처음 시작할 때보다 더 어지러워지더라도 당신을 도와 집안을 청소하도록 하자. 당신이 기대한 만큼 생산적이지 않으리라는 현실을 겸허히 받아들이자. 그러나 당신이 생산하고 있는 것 중에 일부가 자신감, 기술, 수완을 갖춘 아이라는 사실을 명심하자. 이런 자질이 있는 아이라면 자기의 자질을 남들과 나누게 마련이다. 당근 몇 개나 깨끗한 집보다 훨씬 가치 있는 일이다.

믿음 주기

아이에게 먼저 책임을 주지 않으면 결코 책임 있는 행동을 기대할 수 없다. 아이에게 신뢰를 주지 않으면 신뢰할 만한 행동을 기대할 수 없다. 이런 상관관계는 흠 없이 논리적임에도 제도교육 체제에서는 그 논리가 무색해졌다. 그 체제 안에서 아이에게 책임을 맡기고 신뢰를 줄 만한 거리가 없기 때문이다.

삶의 방향과 일치하는 선택

당신은 단순히 어쩔 수 없이 결정해야 할 순간에 직면한 사람이 아니라 적극적으로 결정권을 행사하는 사람이다. 결정을 내리기 어렵다면 각각의 선택지가 당신의 의견과 일치하는지, 당신이 살고 싶은 세상과 어울리는지 숙고하자.

규범을 따르는 것을 두려워 마라

때로는 규범에 따르는 게 옳은 경우도 있다. 다만 자기 자신이 바로 그 일을 하고 있다는 것을 깨닫지 못하고 규범에 따르는 것을 두려워하자.

삶과 하나 되는 교육을 꿈꾸며

얼마 전 우연히 모 방송의 '영재' 발굴 프로그램을 본 적이 있다. 그날 등장한 아이는 초등학교 시절 남다른 창의력과 표현기법으로 표현주의 화가에 비교되기도 했다. 그런데 그림에 재능이 있다 하니 자연스럽게 진로를 미술로 정하고 입시 미술 교육을 받은 모양이다. 5년이 지나 이 아이는 기준과 법칙이 지배하는 입시 미술 관행에 한계를 느껴 자신감을 잃은 채 미술을 포기했다. 이 이야기는 과도한 기대와 천편일률적인 잣대가 모든 아이들에게 숨어 있는 영재성을 꺾는다는 메시지로 마무리됐다.

발달 단계상 세 살에서 여덟 살 아이들은 감각이 발달하고 예술적 기질을 많이 드러낸다. 자연스럽게 신체와 감각이 발달하여 노래하고 춤추고 그림을 그리고, 시를 짓고 상상 속의 친구들과 놀이한다. 특히 5-7살 전환기five-to-seven-year shift라고 하는 시기가 되면 지적 발달이 확장되며 주변을 탐구하고 혼자 힘으로 무언가 하려는 성향이 드러나기 시작한다. 이 책의 두 아이가 보여 주듯이 각자 성향에 맞는 방식으로 자연을 교실 삼고 자기의 호기심을 교과서 삼아 삶의 지식으로 체화시켜 나간다.

아이들에게 가장 중요한 여건은 타고난 감수성을 펼칠 수 있고 놀이와 모험의 터전이 되는 자연환경, 이런 감수성을 인위적 학습 활동에 빼앗기지 않고 온전히 발현할 수 있도록 뒷받침할 부모의 마음가짐이라고 생각한다. 안타깝게도 첫 번째 여건은 우리나라 대다수 아이들이 일상적으로 접하기 힘든 상황이 되어 버렸다. 도시적 삶의 방식이 점점 팽창하면서 아이들이 말 그대로 자연을 접하기는 점점 어려워지고 있다. 더욱이 삶을 잠식해 나가는 첨단 기술은 아이들의 삶에도 그림자를 드리워서, 이제 아이들은 자연적 여건이 허락된다 해도 기계와 노는 데 더 익숙해지고 있다. 그러나 이 책의 저자인 벤 휴잇이 책 말미에 도시 부모를 위한 현실적 조언을 하고 있듯이 환경의 제약은 부모가 마음먹기에 따라 완벽하지는 않더라도 극복할 수 있다. 그러니 부모의 마음가짐이 자연 조건보다 더 선행되어야 할 기본 조건이 된다. 사실, 자녀를 둔 사람 중에는 학창 시절을 거치며 왜 이런 교육을 받아야 하는지에 대한 의문부터 시작해 적어도 내 아이만큼은 이렇게 살게 하지 않겠다고 다짐한 사람도 있을 것이다. 그러나 기본적인 생활 보장이 부족한 사회에서 맞벌이가 필수가 되고 아이는 일찍부터 부모 손을 떠나 남의 손에 맡겨진다. 그렇

홈 그로운─아이들은 스스로 배운다

게 현실에 매몰되는 사이 우리가 학생 시절 품었던 다짐은 사라지고 미래에 대한 두려움이 아이들의 현재를 잠식해 버렸다. 치열한 경쟁이 도사리는 상위 몇 개 대학을 가야만 편안하게 산다는 믿음 하나에 우리의 과거를 아이들에게 되풀이 시킨다. 그 결과 우리는 아이는 아이답게 커야 하는 법이라 말하면서도 아이답게 클 여건을 허락하지 않는다. 자기 감성에 따라 춤추고 노래하고 모험해야 할 시기에, 숙제와 각종 과외 학습으로 소중한 아동·청소년기를 꽉꽉 채워 버렸다.

이 책을 번역한 계기는 이런 현실에서 나왔다. 10년 넘게 시골 대안학교 교사로 지내다가 대도시 서울로 올라와 나는 새삼스럽게 아이들의 현실을 목격할 수 있었다. 미래에 저당 잡히고 도시에 포위된 아이들이 가장 눈에 밟혔지만, 그 현실의 문제를 인지하고도 어찌해야 할지 모르는, 혹은 마음의 준비가 안 된 부모들의 문제도 간과할 수 없었다. 이들 부모에게 현실에 동화되라고 모른 채 하기보다는 희망의 씨앗을 찾는 데 도움이 되고 싶었다.

그러나 이 방식으로만 아이를 교육시켜야 한다고 전제하면 우리나라 모든 부모는 좌절할 수밖에 없을 것이다. 저자의 주장대로 모든 부모가 이런 교육을 한다는 것은 현실적으로도 불가능하고 이것이 정답은 아니다. 이 책은 그저 수많은 가능성 중에 한 가지이며 공교육과는 대척점에 있다는 점에서 공교육을 굳게 믿는 사람에게는 극단적으로 보일 수도 있다. 다만, 오늘날 우리 아이들의 아이다움을 어떻게 살려 주고 미래와 바꾼 아이의 삶을 다시 초기 상태로 회복시킬 수 있을까 하는 고민의 불씨만 지필 수 있다면 더 바랄 것이 없다. 모든 실천은 문제의 확인과 고민에서 나온다. 감을 잡지 못한 사람에게 이 책은 방향을 제시할 수 있는 나침반이 될 수도 있으며, 섣불리 발을 내딛지 못하는 사람에게는 용기를 불어넣어 줄 수 있을 것이다. 심지어 부모가 아니거나 저자의 교육관에 완전히 동의하지 않는 사람이라도 이 가족의 삶의 방식에서 희미한 영감을 찾을 수도 있다.

그간 프로그램이나 교사·부모·아이 중심으로 대안교육을 설명한 책은 많았지만 땅과 자연환경을 바탕에 두고 실제 삶의 이야기로 풀어 낸 책은 드물었다. 오늘날의 공교육이 그토록 욕을 먹고 있는 이유는 삶에 직접 관련 없는 지식 중심이며, 그런 교육과정을 설계한 의도를 깊이 파고들면 체제 유지 수단으로서의 기능과 거기에 이바지할 수 있는 '인재'만 걸러내겠다는 의도가 보이기 때문이다. 이 선별 과정에서 아이들은 경쟁에 휘말리고 본성과 호기심을 포기하며 만신창이가 된다. 그런 삶을 거부한 저자의 가족에게는 제도에 얽매이지 않고 오로지 땅의 권위만 허락한 자유의지와, 삶과 교육은 하나라는 믿음이 있다. 능력치에 한계가 있지만 아이들은 어리다는 이유로 가족의 경제 활동과 의사결정에서 소외되지 않으며, 삶의 기술은 놀이와 배움으로 자연스럽게 연결된다. 부(富)는 물질이 아니라 함께 나무 심고 숲을 다닌 시간에 있다고 한 저자의 가치관은 실제 살아가는 이야기 속에서 진부한 교훈을 초월하는 감동으로 다가온다.

아무쪼록 이 가족의 이야기가 도달할 수 없는 삶에 대한 체념을 유발하거나 별난 사람의 이야기쯤으로 폄하되지 않았으면 한다. 은은하고도 강한 울림으로 증폭되기를 바란다. 이들의 삶이 희망의 씨앗이 되어 독자의 가슴 속에서 잘 발아하길 바란다.

홈스쿨링과 대안교육 운동에 지대한 영향을 주었으며 이 책의 저자에게도 큰 영향을 준 교육자로 존 홀트John Holt가 있다. 그의 중요 저작 세 권이 마침 아침이슬 출판사에서 출간되었으니 교육에 대해 고민하는 독자에게는 함께 읽기를 적극 권해 드린다.

2016년 가을에
오필선

남들이 가지 않은 교육의 새로운 길을 여는 모험 이야기
홈 그로운

첫판 1쇄 펴낸날 2016년 10월 24일

지은이 벤 휴잇
옮긴이 오필선
펴낸이 박성규

펴낸곳 도서출판 아침이슬
등록 1999년 1월 9일(제10-1699호)
주소 서울 은평구 불광로11길 7-7(201호)
전화 02) 332-6106
팩스 02) 322-1740
이메일 21cmdew@hanmail.net

ISBN 978-89-6429-140-5 03370

책값은 뒤표지에 있습니다.